LOUIS XIII
AVANT RICHELIEU

EXTRAIT D'UNE HISTOIRE INÉDITE DU CHATEAU DE SAINT-GERMAIN

PAR

C. ROSSIGNOL

Ne quid veri non audeat.
Cic., *De Orat.*, II, 15.

PARIS
CHEZ AUGUSTE AUBRY, LIBRAIRE-ÉDITEUR

1869

LOUIS XIII AVANT RICHELIEU

PARIS. — IMP. SIMON RAÇON ET COMP., RUE D'ERFURTH, 1.

LOUIS XIII

AVANT RICHELIEU

EXTRAIT D'UNE HISTOIRE INÉDITE DU CHATEAU DE SAINT-GERMAIN

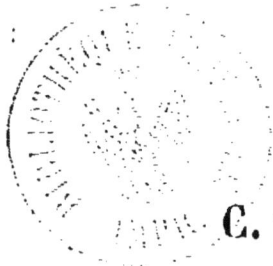

PAR

C. ROSSIGNOL

Ne quid veri non audeat.
Cic., *De Orat.*, II, 15.

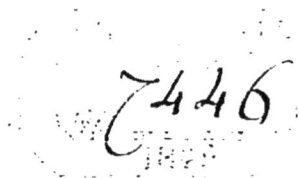

7446

PARIS

CHEZ AUGUSTE AUBRY, LIBRAIRE-ÉDITEUR

—

1869

LOUIS XIII AVANT RICHELIEU

... Ne quid veri non audeat.
CICÉRON, *De Orat.*, II, 15.

Les contemporains de Louis XIII n'ont presque rien dit de son enfance et de son éducation. On sait qu'il naquit à Fontainebleau, que
madame de Montglat fut sa gouvernante, que M. de Souvré lui suc-
céda, que le cardinal du Perron sollicita pour son frère les fonctions
de précepteur du Dauphin , que Scaliger fut proposé au roi, et que,
sous l'empire de Gabrielle d'Estrées, il accepta Des Yveteaux, le précepteur des enfants de sa maîtresse.

Après la mort de Henri IV, Marie de Médicis renvoya cet épicurien
pour mettre à sa place un homme recommandable par sa science
et son caractère, mais que la mort enleva bientôt. Il eut pour successeur le mathématicien Fleurance, digne, lui aussi, de sa haute mission. L'on ne voit guère que des instruments ; l'œuvre disparaît,
ou si le voile se soulève quelquefois, c'est toujours au profit du
prince. Richelieu et Mazarin, les rois eux-mêmes, auraient-ils souf-
fert qu'il en fût autrement? Il fallait se taire, ou emboucher la trom-
pette : lisez l'*Histoire des Dauphins français*.

Les anecdotes contradictoires semées dans des écrits privés , ou
dans des livres imprimés en Hollande , n'étaient regardées que
comme des calomnies ; et, si nos historiens modernes ont osé prendre quelques-uns de ces traits, ils n'ont pas eu assez d'autorité pour
dissiper le doute, et les faire accepter sans contrôle. Il manquait à
l'histoire de l'enfance et de la première jeunesse de Louis XIII une
base inattaquable ; la publication que viennent de faire MM. Eudore
Soulié et Éd. de Barthélemy [1], est un véritable service rendu à l'his-

[1] *Journal de Jean Héroard sur l'enfance et la jeunesse de Louis XIII*, extrait
des manuscrits originaux, par MM. Eud. Soulié et Éd. de Barthélemy. — Paris
Firmin Didot, 1868. 2 vol. in-8.

toire ; les extraits du *Journal de Jean Héroard*, premier médecin de Louis XIII, jettent une vive lumière sur l'enfance de ce prince, son caractère et son éducation.

Il est à regretter que les savants éditeurs n'aient pas jugé à propos de donner plus d'étendue à leur travail. Dans le vaste champs où ils ont moissonné, il y a bien des tiges stériles que leur faulx devait dédaigner ; mais n'ont-ils pas laissé sur leur passage des épis dont ils auraient pu composer des gerbes? et le choix qu'ils ont fait, quelle qu'ait été d'ailleurs leur indépendance, ne portent-ils pas plus ou moins le cachet de leurs goûts et de leurs vues particulières? Ils ont eu la modestie de le penser et la franchise de le dire.

Ce que nous regrettons davantage, c'est le choix intéressé qu'ont fait, dans ces documents, les auteurs de certains articles qui devaient avoir pour mission de faire connaître le *Journal d'Héroard*, et qui en ont amoindri la valeur en le taillant à la mesure de leurs affections. On ne se dépouille pas facilement de soi-même ; mais il est toujours possible d'être juste, surtout dans l'espèce ; il suffit de ne faire aucune exclusion. L'historiographe choisit ; il n'est pas libre. L'historien doit l'être toujours et mettre tout dans sa balance.

Les pages qu'on va lire ont été écrites avant la publication des extraits d'Héroard, d'après les in-folios manuscrits de son *Journal*. Elles ont d'abord pour but de le faire connaître, et d'y montrer ensuite Louis XIII peint d'après nature, avant de disparaître sous le manteau de Richelieu.

I

En 1601, sur le point de partir pour Calais, où l'appelait un commencement de guerre avec l'Espagne [1], Henri IV dit à Marie de Médicis qu'il avait épousée l'année précédente : « Eh bien, ma mie, vous savez où je vais ; mais, Dieu aidant, je serai de retour pour vos couches. Allez à Fontainebleau ; rien ne vous manquera ; vous y aurez ma sœur [2], qui est de la meilleure compagnie, Anne d'Este, duchesse de Nemours, grande princesse, surintendante de ma maison, la marquise de Guercheville, votre dame d'honneur.... Vous aurez Dulaurent, votre premier médecin, le docteur La Rivière, qui est le mien, le seigneur Guido, votre compatriote ;.... pour sage-femme, vous aurez madame Dupuis... »

---

[1] P. Daniel, X, p. 291. — De Thou, XIII, p. 610. Londres, in-4.
[2] La sœur de Henri IV était Catherine de Bourbon, duchesse de Bar.

« La Dupuis ! reprit vivement la reine ; je ne veux pas de la Dupuis. » Elle avait accouché la belle Gabrielle[1] ; Marie de Médicis repoussa cette femme, fit venir le lendemain Louise Boursier et l'emmena quelques jours après à Fontainebleau.

Le voyage de Paris à Fontainebleau, qu'on fait aujourd'hui en une heure, n'était pas alors chose si facile ; on fut deux jours en route, sur des chemins affreux, traversant de pauvres villages où l'on voyait encore les ruines que les guerres civiles avaient faites. On passa la première nuit à Corbeil « dans une hostellerie, où l'on ne trouva pour la reine qu'une meschante petite chambre basse de plancher et estouffée. » Le lendemain, on dîna chez M. de la Grange « où il n'y avoit aucun meuble, où deux grosses pierres servoient de chenets... » Enfin, l'on arriva à Fontainebleau, où Marie de Médicis, en attendant ses couches, se mit à lire Plutarque dans la naïve et récente traduction d'Amyot. « Vive Dieu ! ma mie, lui écrivit de Calais Henri IV ; vous ne m'auriez rien sçu mander qui me fût plus agréable que la nouvelle du plaisir de lecture qui vous a *prins*. Plutarque me sourit toujours d'une fraîche nouveauté[2]. L'aimer, c'est m'aimer ; car il a été l'instituteur de mon bas âge. Ma bonne mère, à qui je dois tant, et qui avoit une affection si grande à mes bons déportements, qui ne vouloit pas, disoit-elle, voir en son fils un illustre ignorant, me mit ce livre entre les mains, à peine n'étois-je plus enfant à la mamelle. Plutarque m'a été comme une conscience, et m'a dicté à l'oreille beaucoup de bonnes honnêtetés et maximes excellentes pour ma conduite et le gouvernement des affaires[3]... »

Quinze jours après, le roi écrit à Sully qu'il voulait faire trève à tout pendant les couches : « Nous serons assez empêchés, dit-il, que la royne ne se morfonde. » En même temps, il nomme madame de Montglat et mademoiselle de Piolan, gouvernante et sous-gouvernante de l'enfant, et leur ordonne de se rendre immédiatement à Fontainebleau, « assurées qu'elles y seront les bienvenues[4]. »

Dans le *grand cabinet* du roi, qui servait de chambre à coucher à la reine, pièce ovale, construite par François Ier et qui existe encore, on détroussa un grand pavillon de toile de Hollande d'au moins

---

[1] *Récit véritable de la naissance de messeigneurs et dames les enfants de France*, par Louise Bourgeois, accoucheuse de la reine ; on l'appelait vulgairement Louise Boursier. Paris, 1626.

[2] Montaigne avait dit avant Henri IV : « Les livres que je reveoy me rient toujours d'une fresche nouvelleté. » I, ix, édit. de 1852, p. 16. Henri IV lisait donc Montaigne ?

[3] *Correspondance de Henri IV*, 1601, le 5 septembre.

[4] *Ibid.* Madame de Montglat était Françoise de Longuejoue, veuve de Pierre de Poissy, après la mort duquel elle épousa Robert du Harlay, baron de Montglat, premier maître d'hôtel de Henri IV.

vingt aunes de tour. Sous cette tente, on en fit une petite de même étoffe, dans laquelle on mit le lit de travail, près duquel s'en trouvait un autre de velours cramoisi, « accommodé d'or. »

Les douleurs furent longues. Au seizième siècle et même longtemps après, pour avoir un heureux accouchement, on recourait à sainte Marguerite, dont Saint-Germain des Prés, de Paris, possédait des reliques[1]. La rue *Sainte-Marguerite*, celle de son *Dragon* légendaire, qui limitaient cette antique abbaye, l'image de cet animal sculptée comme un blason au-dessus de la porte abbatiale, que les démolitions vont dégager, prouvent la foi qu'on avait alors à Paris, dans le culte de sainte Marguerite[2]. Aussi, deux religieux de cette abbaye assistaient à la naissance de Louis XIII ; ils priaient sans interruption devant les reliques de la sainte, exposées sur une table dans la chambre de l'accouchement.

Les docteurs La Rivière, Dulaurent, Guido, Guillaumeau, Jean Héroard, réunis dans une pièce voisine, en sortaient de temps en temps, interrogeaient la sage-femme et se retiraient. Quand les douleurs augmentaient, que Marie de Médicis criait dans un jargon qui n'était ni français ni italien : « *Ohimè ! je morio,* » Henri IV soutenait la reine et « me demandoit, dit Louise Boursier, s'il étoit temps d'appeler les témoins, ajoutant que cette affaire estoit de grande importance, et que j'eusse à l'avertir. »

La reine avait eu la pensée de récuser César de Vendôme, fils aîné de Gabrielle, âgé de six ans ; mais les douleurs devinrent si fortes qu'elle oublia de l'écarter. « Il me demandoit sans cesse, dit la sage-femme, si la royne accoucheroit bientôt, et de quel enfant ce seroit. Pour le contenter je dis que oui, et que ce seroit ce que je voudrois. — Eh quoi ! reprit le jeune duc, l'enfant n'est-il pas fait ? — Si, si ; mais j'en ferai à volonté un fils ou une fille. — Sage-femme, me dit-il aussitôt sérieusement, et en me faisant mille promesses, puisque ça dépend de vous, de grâce mettez-y les pièces d'un fils. »

Louise Boursier s'efforçait de faire bonne contenance ; mais elle n'était pas sans inquiétude. « Ne t'étonne de rien, lui dit Henri IV ; fais de la royne comme de la plus pauvre femme de mon royaulme.»

Henri IV appelle François de Bourbon, prince de Conti ; Charles de Bourbon, comte de Soissons ; Henri de Bourbon, duc de Montpensier, et les place sous le grand pavillon, en face de la reine. Il y avait des précautions à prendre contre l'ambition et l'hostilité des grands. En

---

[1] Saint-Germain des Prés de Paris, célèbre abbaye, dont la vieille église est conservée, et qu'on va démasquer pour le prolongement de la rue de Rennes.

[2] Le pape Gélase Ier déclare apocryphe la légende de cette sainte. Thiers, dans son *Traité des superstitions*, en attaque le culte, et Rabelais le ridiculise, I, 6, et prologue de *Pantagruel*.

Portugal se produisaient un faux Sébastien, en Russie un faux Démétrius; l'Espagne était hostile; la guerre civile pouvait se ranimer en France : Biron conspirait et allait être arrêté dans le palais même où l'on se trouvait.

Après vingt-trois heures de souffrances, le 27 septembre 1601, à dix heures du soir, Marie de Médicis accouche : *È maschio?* demanda-t-elle. Il y avait plus de quatre-vingts ans qu'on n'avait vu naître un roi de France avec le titre de Dauphin : « Réjouissez-vous, ma mie, s'écrie Henri IV, en s'adressant à la reine, Dieu nous a donné ce que nous désirions! » Il va ensuite ouvrir les portes aux deux cents personnes qui les assiégeaient. L'accoucheuse veut prudemment repousser l'invasion : « Tais-toi, lui dit Henri IV dans les transports de sa joie : cet enfant est à tout le monde; tout le monde doit le voir et se réjouir! »

Le flot se précipite; il y a parmi les courtisans une explosion de joie tumultueuse; on se jette pêle-mêle aux jambes du roi, qui faillit être renversé; on se moque de l'étiquette; les courriers, qui attendaient tout bottés, partent dans toutes les directions. Louise Boursier raconte avec une naïveté qui n'est peut-être pas sans malice, comment « on s'embrassoit au hasard, sans avoir égard au plus ou au moins; » comment les dames qui rencontroient leurs gens se jetoient à leur cou, si transportées qu'elles ne savoient plus ce qu'elles faisoient; comment mademoiselle de la Renouillère se heurta dans un valet qui la baisa de si bon courage qu'il lui mit en dedans la seule dent qui lui restoit pour la décoration de sa bouche. »

Le banquier Zamet fut radieux : il avait gagé mille écus contre le roi qu'il aurait un fils, et deux mille contre la reine que ce fils arriverait un jeudi. De son côté, Marie de Médicis gagnait Monceaux, que les enfants de Gabrielle vendirent au roi.

L'héritier présomptif était né. M. de Béthune partit pour Rome. Henri IV demandait au pape d'être parrain du fils de France : « Je veux le présenter à Dieu, disait-il, l'incorporer à l'Église le plus dignement que faire se pourra, afin qu'il chemine par les pas de ses ancêtres... Pour à quoi parvenir plus heureusement, je désire qu'il soit présenté aux saints fonts du baptême par notre Saint-Père le pape. »

II

Parmi les médecins qui assistaient aux couches de Marie de Médicis se trouvait Jean Héroard, seigneur de Vaugrigneuse, conseiller-secrétaire du roi, et son médecin ordinaire. Les biographies les plus

universelles l'ont à peine entrevu. La Faculté de médecine de Mont-
pellier, sa ville natale, l'avait reçu docteur en 1573, l'année qui suivit la Saint-Barthélemy[1]. Le crédit du duc de Joyeuse le fit immédiatement nommer médecin de Charles IX. Ce jeune et faible monarque,
grand amateur de chasses et de chevaux, eut à peine le temps de le
connaître. Il lui demanda de composer un traité de *l'art vétérinaire*,
et mourut presque aussitôt, écrasé sous le poids de la couronne et
peut-être des remords.

Henri III, près duquel Hérorad se maintint, lui ordonna de continuer son travail. « Le gros de l'œuvre étoit fait, » dit l'auteur; mais
on ne bâtit pas quand le sol tremble. Ce n'est que sous Henri IV, en
1598, après la publication de l'édit de Nantes, qu'on aperçoit un an-
gle du monument : *l'Ostéologie du cheval*, tout petit livre commencé
depuis vingt-six ans, pris, quitté, repris sous trois règnes, « débris
du naufrage. » que le reste de l'œuvre avait fait pendant les guerres.

Héroard allait continuer son travail, « espérant, dit-il, faire voir
un jour la suite entière. » Mais la grossesse de la reine lui donna la
pensée de porter ses vues plus haut : il obtint le brevet de premier
médecin de l'enfant, et laissa ses vieilles études de *mareschalerie*
pour ne plus songer qu'au Dauphin.

Aussitôt que le nouveau-né fut entre les mains de l'accoucheuse,
Héroard, représentant de la science du temps, on pourrait dire des
préjugés, s'approcha de son auguste client et lui fit boire une cuillerée de *mithridate*[2] détrempé dans du vin blanc. Il le lava des pieds
à la tête dans du vin rouge mêlé d'huile, et croyant sans doute qu'il
était de son devoir, peut-être de l'intérêt de l'État, de bien reconnai-
tre son sujet, il prit ses *Tablettes*, qu'il devait continuer jusqu'à sa
mort, et y traça le plus complet signalement qui ait jamais été fait.

Le fils de Henri IV et de Marie de Médicis, dit le docteur, était
grand de corps, gros d'ossements, musculeux, bien nourri. Il avait
la tête de bonne grosseur et bien formée, le cou gros et fort ; les pieds
étaient grands et larges, les bras longs, les jambes droites, les épaules larges ; la poitrine était relevée et le reste à l'avenant... Héroard
se crut évidemment en présence d'un Hercule gaulois.

Telle était la charpente ; le scrupuleux observateur entre ensuite

---

[1] Non en 1575, comme supposent les *Biographies* de Michaud et de Didot.

[2] Le mithridate était une espèce de thériaque ; il y entrait de l'opium, des vipè-
res, des scilles, de l'agaric, etc. Voir sa composition dans Charras... Ce mot vient de
Mithridate, roi de Pont, qui avait tellement fortifié son corps contre les poisons par
des antidotes, qu'il ne put s'empoisonner. On en trouva la recette, écrite de sa
main, dans ses coffres, et elle fut apportée à Rome. Longtemps après elle fut mise
en vers par Démocrate, fameux médecin, et transcrite par Galien, IIe *des antidotes*.

dans de minutieux détails : cheveux noirs, nez épaté, bouche petite, lèvre supérieure élevée, oreilles de moyenne grandeur et bordées, visage arrondi par le bas, orteils serrés, mains d'une grande blancheur... Rien n'échappe à Héroard; il distingue une petite tache entre les sourcils, il l'enregistre; une autre à la nuque, il la compte; une troisième près de la narine gauche, il la décrit. Il voit et dit tout : on croirait que le seigneur de Vaugrigneuse fait le dénombrement de son fief.

Quand il eut fini sa besogne, il lui vint la pensée qu'il pouvait y avoir encore quelque chose à glaner. Il reprit sa loupe et signala sur l'oreille gauche... devinez — trois petits poils noirs qu'il avait oubliés [1] !

Decourt, Desprez, Jean Martin, Bunel, Porbus, Francesco, Giovane Paolo, et d'autres artistes français et étrangers, devaient représenter le Dauphin d'une façon plus gracieuse. Marie de Médicis ajouta au marbre et à la toile les métaux précieux : elle fit faire de son fils une statuette en or, de 1 pied 1/2 de haut, pour l'Annonciade de Florence. Héroard lui-même se montrera un jour plus artiste; mais la minutieuse prolixité et les hardiesses de ses premières lignes nous font espérer des révélations inattendues.

On a dit que les enfants de Henri IV étaient élevés au château de Fleury, à deux lieues de Fontainebleau. C'est une erreur, née sans doute du penchant des monographes à enfler leur sujet. Il est certain qu'à l'entrée de l'hiver, un mois seulement après sa naissance, le nouveau-né fut porté du palais de Fontainebleau au Château-Vieux de Saint-Germain-en-Laye, où il arriva le 27 octobre 1601 [2], où se fit sa première éducation, qu'il aimait à habiter, et où il mourra.

On supposait que l'air vif de la montagne favoriserait le développement des « larges épaules, de la poitrine relevée » d'un enfant qui, huit jours après sa naissance, criait comme un petit homme, « vidoit les mamelles de sa nourrice, tetant à grandes gorgées, et élevant si haut la mâchoire qu'il en tiroit plus à une fois que les autres en trois. »

Vain espoir, soins superflus, excessifs et souvent peu sensés ! Des rougeurs érysipélateuses se manifestent; on en accuse le lait de madame Hottmann. On la renvoie, et l'on a recours à mademoiselle Hélin, femme Lemaire, puis à mademoiselle Galand, femme de Butel, barbier de Paris. Le mal persiste; on la congédie à son tour, pour

---

[1] La copie textuelle du signalement, qui est ici fort incomplet, se trouve à la Bibliothèque impériale, Mss. supp. 928. Voy. aussi les *Extraits* imprimés.

[2] *Journal* du premier médecin de l'enfant, 1601, octobre 27, 28 et 29.

prendre Antoinette Joron, femme Boquet, à laquelle force fut bien de s'en tenir. Le Dauphin l'appelait *maman Dondon*.

Héroard ne s'arrête pas aux nourrices : il appelle au secours de son royal client les curieuses ressources du répertoire contemporain : il frotte le visage avec du beurre et de l'huile, l'estomac avec du mastic, le ventre avec de l'huile d'absinthe, les pieds avec du suif de chandelle, le nombril avec de la civette, les gencives avec de la cervelle de lièvre, les reins avec de la moutarde... il emploie tour à tour ou amalgamés l'anis et la coriandre, l'eau rose et l'onguent citrin, l'huile de noix et un *nutritum* de jus de fumeterre, le plantin, le lierre, la céruse, le corail, le bézouard, des raclures d'ivoire ou de corne de cerf, etc... Voilà où la science médicale en était au sortir des guerres du seizième siècle ! Mais avant de citer les *Tablettes* d'Héroard, dont ces pages seront le reflet, il est nécessaire d'en faire connaître la nature et la valeur.

III

Commencées à Fontainebleau le jour de la naissance du prince, les éphémérides d'Héroard se continuent à Saint-Germain et partout où le prince se trouve. Elle forment un *Journal* rédigé chaque jour de la main de l'auteur, et resté longtemps dans sa famille. Ce manuscrit appartient maintenant à la Bibliothèque impériale[1].

Tallemant des Réaux, l'auteur des *Historiettes*, n'a fait que l'entr'ouvrir, et il le juge mal[2]. Le P. Lelong et Févret de Fontette, qui ne pouvaient étudier tout ce qu'ils cataloguaient, n'en donnent que les titres[3]; Cimbert et Danjou, P. Paris, H. Martin, Daremberg, A. Baschet, dans de récents ouvrages, citent le *Journal* d'Héroard, et en donnent une idée plus juste que l'appréciation fétide de des Réaux; mais ils ne le font pas suffisamment connaître.

Ce *Journal* n'est point seulement, comme le feraient supposer les fonctions de l'auteur, un recueil de notes quotidiennes relatives à la santé de son client, ou, comme s'exprime Michelet, « le journal des

[1] *Mss.* n° 4022. — Ce manuscrit offre au commencement une lacune de trois années; mais elle est comblée par le manuscrit de M. le marquis de Balincourt et la publication qui vient d'être faite.

[2] III, p. 62, édit. de 1840.

[3] Lelong, II, n° 21447 de la *Bibliothèque historique*. Le n° 21448 indique une copie du même *journal*. Elle est aujourd'hui dans le cabinet de M. le marquis de Balincourt. Cette copie est importante parce qu'elle contient les trois premières années, qui manquent dans l'original.

digestions de Louis XIII. » La science historique n'aurait rien à gagner à de nauséabondes remarques. Ce qui fait à nos yeux la valeur du *Journal*, c'est l'attention du docteur à signaler les moindres actions du prince et tout ce qui se passait autour de lui.

Ces tablettes s'arrêtent au siége de la Rochelle, où l'auteur mourut à la suite du roi, le 10 février 1628[1], après avoir rédigé pendant plus de la moitié de la vie de Louis XIII cette volumineuse et singulière production.

Les lacunes qu'on y rencontre sur la fin inspirent peu de regrets : elles appartiennent à une époque où le rédacteur est devenu, par prudence, d'un laconisme sans pareil. Prolixe dans sa première moitié, le *Journal* fatigue, dans la seconde, par sa brièveté et une stérilité croissante. À mesure que le prince grandit, Héroard devient plus timide ; sa main n'ose plus écrire ce que ses yeux voient et ce que ses oreilles entendent : le rédacteur perd en indépendance ce que son maître gagne en autorité.

Le docteur avait révélé au Dauphin l'existence de ses *Tablettes*. « Vous répétez tout ce que je dis, lui reprochait un jour le prince. — Je fais mieux, avait répondu Héroard, qui voulait réprimer de mauvais penchants, j'écris tout ce que vous faites[2]. »

Devenu roi, Louis XIII se préoccupa de l'existence d'un document dont la franchise était inquiétante, et voulut savoir s'il n'était pas interrompu[3]. Le jeune monarque n'ordonna pas à son docteur de poser la plume ; mais il est certain que l'auteur du *Journal* en prit une autre.

On s'aperçoit de quelques discrétions dès l'année 1610, quand le prince, âgé de neuf ans, se proclame roi de France et de Navarre. Elles deviennent plus nombreuses lorsque le 2 octobre 1614, à treize ans, il se rend à cheval au Parlement, où il déclare sa majorité, disant « sans bégayer » ce qu'on lui avait appris la veille : « J'attends de mes sujets l'obéissance et le respect dus à l'autorité que je tiens de Dieu. » La présence du maréchal-gouverneur, la mort de Henri IV, dont le docteur perdait l'appui, le caractère ombrageux de Marie de Médicis, la susceptibilité terrible de Louis, gênaient la libre allure du rédacteur. Malgré les lacunes et cette réserve spontanée ou prescrite, le manuscrit de la Bibliothèque impériale forme encore six gros volumes in-folio[4].

[1] Voir la dernière page du *Journal*. Le corps d'Héroard repose dans l'église de Vaugrigneuse.

[2] *Journal*, 1605, juin, 21.

[3] *Ibid.*, 8 octobre et 31 décembre 1611, après la mort de Henri IV.

[4] Il y en aurait vingt si l'auteur avait fini comme il avait commencé. Il faut ajouter aux six in-folios de la Bibliothèque impériale les volumes qui représentent les trois premières années du prince.

L'auteur ne perd jamais de vue le prince dont la santé lui est confiée ; il interroge ses yeux, sa respiration, sa langue, la pulsation des artères ; il observe ce qu'il mange, il veille sur ce qu'il boit, il examine la quantité et la nature des aliments, les phénomènes les plus vulgaires et les plus secrets... il enregistre tout avec une constance et un courage incroyables : c'est une sentinelle qui épie l'ennemi.

La médecine et l'art culinaire nous intéressent peu ; mais Héroard ne se borne point aux fonctions animales : l'attitude, le geste, les regards du prince, les jeux qu'il affectionne, ce qu'il recherche ou repousse, ce qui le réjouit ou l'attriste, ce qui le calme ou l'irrite, ce qu'il balbutie dans ses rêves, son médecin n'oublie rien, il figure même le bégaiement du prince, quand il rapporte ses paroles.

S'il s'arrête aux accidents matériels, il surprend à toutes leurs issues l'esprit et le cœur du prince ; c'est là pour nous le côté intéressant du Journal.

Pour connaître l'homme, il faut le prendre chez lui, quand il est sans artifice, ou dans la naïveté de l'enfance, quand la figure est ouverte et sans masque. Des princes surtout on ne voit guère que le visage d'emprunt ; historiens et peintres les représentent sous de brillants manteaux, l'épée ou le sceptre à la main : Louis XIII est sur le trône, où Richelieu l'élève le plus haut qu'il peut. Pour savoir ce qu'il porte au fond de l'âme, ce qu'il faisait espérer ou craindre, il faut le voir au château de Saint-Germain, sans couronne, jeune, enfant, dans toute la liberté que lui donnaient son âge, les basses complaisances de ses valets et le sentiment qu'il avait de son autorité et de son indépendance.

L'éducation et les années peuvent réfréner et couvrir les penchants naturels ; mais elles ne les extirpent guère ; le moindre souffle soulève le voile et découvre la forme maîtresse. Les éphémérides d'Héroard, qui semblaient devoir se borner à la médecine, sont donc une bonne fortune pour l'histoire de Louis XIII.

IV

Si le Dauphin avait été isolé derrière les fossés du château, entre ses gardes et son médecin, peut-être ne le connaîtrions-nous encore qu'imparfaitement ; l'homme ne se révèle tout entier que dans ses contacts avec ses semblables, au sein des événements dont la vie la plus commune est semée. Mais ce palais n'était point pour le fils de Henri IV une retraite solitaire ; il y vivait en nombreuse compagnie, trop nombreuse même, avec ses frères et ses sœurs, légitimes et illégitimes, avec les enfants de Gabrielle et de la marquise de Verneuil, quelquefois avec ceux des comtesses de Moret et de Romorantin. Il avait pour compagnons des fils de grandes familles, Montmorency, Liancourt, Mortemart, Lavalette, Ventadour...

Dans ce nid aérien, bâti sur la corniche d'un plateau boisée, il y avait des oiseaux de toute sorte ; à côté des princes et des princesses, enfants du roi, le Dauphin rencontrait ceux des gouvernantes, des nourrices, des femmes de chambres, des valets, tout un petit peuple, sur lequel le petit roi exerçait despotiquement son empire. Les épousées du village venaient même le jour de leurs noces danser au château.

La cour était ailleurs : mais le fils de Marie de Médicis avait à Saint-Germain la sienne, au milieu de laquelle il trônait. Il avait ses grands officiers et sa garde ; M. de Mansan était capitaine aux gardes ; le cardinal Du Perron et M. de Boulogne étaient aumôniers. Des Yveteaux, Nicolas Lefebvre, Despréaux, Fleurance, précepteurs ; — La Martinière, Dupont, de la Croix, de Vernet, étaient compagnons du prince. L'italien Francini, que le Dauphin recherchait et visitait sans cesse, était l'artiste, le mécanicien des fontaines et des grottes « merveilleuses. » Indret, Le Bailly, Balant, Hauterive jouaient du luth ; Pradel et Boileau de la viole et du violon ; La Haye et La Chapelle de l'épinette et de la mandore. Il avait ses nains, ses bouffons, ses chiens : il reçoit dans la grande salle des fêtes la meute que lui amène la comtesse de Mansfeld. Héroard passe en revue toute la colonie ; il en trace rapidement les évolutions et les révolutions, quels qu'en soient la nature et les résultats, méritoires ou flétrissants.

La scène s'étendait plus encore. Le château de Saint-Germain était loin de Paris et de Fontainebleau ; mais la longueur, les difficultés du voyage et le peu de sûreté des routes n'arrêtaient pas l'invasion du dehors. Les ponts du château de Saint-Germain s'abaissaient continuellement devant une multitude empressée, qui venait baiser les mains du roi futur, pour se recommander à celui qui régnait encore. On arrivait « en grande troupe. » Voici des princes de toutes les branches, directes, indirectes, naturelles, — des représentants d'États provinciaux ou des corps judiciaires, les députés de l'assemblée générale du clergé de France, les ambassadeurs des nations étrangères, des gouverneurs de provinces, des maréchaux, des capitaines, des cardinaux, des évêques... Aujourd'hui se présentent les Brularts, Jeannin, Sully, d'Andelot, Bassompierre, le duc de Bellegarde, gouverneur de la Bourgogne ; demain, le duc de Ventadour, de Noailles, le maréchal d'Ancre, de Luynes, Séguier, Blancmesnil, de Gondy, Cinq-Mars, de Thou ; une autre fois, les princes d'Orange, de Condé

et de Conty, les comtesses de la Rochefoucault, de Randan, de Gui-
che, de Choisy; la marquise de Royan, madame de Longueville, la
présidente Hennequin, la *signora Concini*, cent autres femmes diver-
sement célèbres, sans compter la marquise d'Entragues, toute-
puissante, malgré sa conspiration, la reine Marguerite de Valois ré-
conciliée, Marie de Médicis, cherchant son fils au milieu des enfants
naturels du roi; enfin et plus souvent que personne, le roi lui-
même, qui venait jouer avec eux et... courre le cerf dans la
forêt.

Le jeune prince y accompagnait quelquefois son père. Il visitait les
châteaux du voisinage; on le menait à Paris et à Fontainebleau,
quand la cour y était; le théâtre est grand et varié. Le *Journal* d'Héroard, est donc une vaste galerie où le Dauphin se meut librement,
où il se présente sous toutes les faces, dans laquelle son caractère
se montre tel qu'il est, et dans toute sa naïveté.

V

Mais le docteur, conseiller-secrétaire du roi, hôte prudent de la
couronne sous trois règnes, avait-il pour parler du Dauphin la liberté
que demande l'histoire? «L'affection[1] » qu'il avait pour son royal
client, la crainte de déplaire et de perdre la faveur dont il jouissait,
ne devaient-elles pas le lui faire voir sous un jour trop favorable?

Oui, s'il s'agit d'un document public; non, dans le cas contraire.
Or, dans son *Journal*, Héroard est littéralement chez lui, loin des
regards, à huis clos, inaccessible à ses propres passions, dans un
sanctuaire où il dépose en secret, dans l'indépendance la plus absolue, et pour lui seul, ce qu'il voit et ce qu'il entend. Susceptibilité
jalouse, ostentation vaine, allures dédaigneuses ou brutales, les mau-
vaises pensées qu'inspire aux âmes petites la conscience du pouvoir, l'indécence même sont signalées dans ces curieuses tablettes,
avec autant de franchise que s'il se fût agi d'actions glorieuses, mais
avec l'inquiétude de l'amitié, car le seigneur de Vaugrigneuse aimait
le prince «de cette tendre et cordiale affection, que les pères, dit-il,
ont pour leurs enfants[2]. » Si la vérité nue ne se trouvait pas dans
ces feuilles intimes, il faudrait dire qu'un auteur qui écrit pour lui
seul veut se tromper : « Ipsum se nemo decepit[3]. » Nous pouvons
donc hardiment puiser dans le *Journal* d'Héroard.

---

[1] Héroard, *De l'institution du prince*, 2ᵉ matinée
[2] *Ibid.*
[3] Pline, *Pan. Traj.*

VI

On ne peut en dire autant d'un autre livre du même auteur : *De l'Institution du prince*[1], dont toutes les biographies ont fait l'*Institution d'un prince*, comme s'il s'agissait d'un être de fantaisie. Le fils de Henri IV en est encore l'objet unique; mais le point de vue diffère. Dans son *Journal*, Héroard se contente d'enregistrer ce qu'il voit, ce qui se produit dans le prince et autour de lui, crûment, sans réflexions. Il prend sur le vif des moulages qu'il garde pour les secrètes études de l'atelier. Au contraire, la réflexion a la plus grande part dans le livre de l'*Institution;* le docteur, qui voulait *publier* sa consultation morale, en atténue l'amertume pour ne pas irriter le malade, blesser Henri IV, désabuser Marie de Médicis, encourir leur disgrâce et inquiéter les provinces. Comment dire publiquement au fils, dont l'auteur connaissait l'orgueil et la violence, à la mère, pleine d'illusions, au père couronné de lauriers et pensant à sa dynastie, à la France, dont le sol tremblait encore, comment leur dire, sans éveiller des susceptibilités et ranimer le volcan à peine éteint : Son Altesse a de laides et malheureuses inclinations ? Héroard eut-il pu livrer à l'impression les lignes suivantes : « Le Dauphin est né terrible, et ses premières années font trembler. Il est dur, colère jusqu'aux emportements contre les choses inanimées; incapable de souffrir la moindre contradiction, même des heures et des éléments, sans entrer dans des fougues à faire craindre que tout se rompe dans son corps. Il est opiniâtre à l'excès, ami du jeu, où il ne peut supporter d'être vaincu et où le danger avec lui est extrême. Il est souvent farouche, naturellement porté à la cruauté, barbare en raillerie, saisissant le ridicule avec une justesse écrasante. De la hauteur des cieux, il ne regarde les hommes que comme des atomes, avec qui il n'a aucune ressemblance, quels qu'ils soient. » On dirait que Saint-Simon, le Tacite qui a fait ce portrait d'un autre Dauphin, copie celui du *Journal*.

Aux yeux de l'histoire, le défaut capital de l'*Institution de Louis XIII* est d'être un livre; et, dans les circonstances où il parut, ce livre

---

[1] *De l'Institution du prince*, par Jean Héroard, seigneur de Vaugrigneuse, conseiller-secrétaire du roi, médecin ordinaire de Sa Majesté et premier médecin de Mgr le Dauphin. — A monseigneur le Dauphin. — Paris, chez Jean Jeannon, rue Saint-Jean-de-Latran, à la *Rose rouge*. MDCIX, avec privilège du roi. — Ce livre curieux a été réédité par MM. Soulié et de Barthélemy à la suite des *Extraits* du *Journal*.

était un manifeste : il fallait que le Dauphin plût à la cour et aux
provinces. Or, dans l'*Institution*, faite pour le grand jour, le courti-
san avive ou éteint les couleurs de son modèle, il adoucit les con-
tours, supprime les difformités, et les remplace par des qualités
brillantes; le portrait diffère radicalement de l'autre : « Toute la
France, dit-il, est pleine d'allégresse, en voyant dans le Dauphin son
salut et sa conservation. Ce désir naturel de tout savoir, son bon
sens, son ferme entendement que chacun reconnoît, ces germes de
piété, d'équité, de prudence, de valeur et d'humanité, dont la nature
a jeté à pleine main la semence au fond de son âme, font croire qu'il
lui sera facile de satisfaire à l'espérance publique [1]... »

Tout le livre est semé de traits semblables : L'héritier présomptif est né sain de corps, son esprit est excellent, un beau
feu reluit dans son âme, ses vertus sont héroïques, il est docile,
prudent, sage, avancé, fort, mais surtout d'une bonté, d'une douceur, d'une mansuétude merveilleuses...

Impossible d'être plus louangeur, moins vrai et plus en contradiction avec le *Journal*; mais il fallait qu'en voyant le Dauphin traverser Paris sur son petit cheval, les bourgeois pussent s'écrier : Le
gentil prince que nous avons [2] ! Toutefois, la situation d'Héroard
était pénible : *Adstabat Burrhus mœrens et laudans*, pourrait-on
dire avec Tacite.

Le *Journal* et l'*Institution*, sortis de la même plume, ont donc peu
de rapport; on prendrait volontiers l'un pour une diffamation, l'autre
pour une apologie de la même personne. Héroard a si bien compris
l'opposition de ses deux écrits et le caractère peu sûr de l'un d'eux,
qu'il a cru de son devoir d'avertir M. de Souvré, gouverneur désigné du Dauphin, qu'il n'avait pu dire, dans l'*Institution*, tout ce
qu'il pensait et savait du prince. Pour diriger l'*Instituteur* dans sa
mission, « il lui fait offre, dit Héroard, d'un *Journal* duquel il pourra
tirer, fil après autre, des conjectures évidentes des complexions et
inclinations de son élève [3]. »

Il voudrait qu'on les ignorât, que l'on cachât le Dauphin « jusqu'à ce qu'il eût *esgoûté ses petites humeurs...*, pour que toute la
France, qui a les yeux sur lui, mue d'espoir et de crainte, n'ait pas,
si elle le voyoit, une impression de mauvais augure, ou la volonté
d'un *sinistre dessein*, comme possible, il se pourroit [4]. »

---

[1] Héroard, *De l'Institution*, etc., épit. dédicatoire.
[2] L'ambassadeur vénitien, dans sa dépêche du 11 mai 1611, dit : « Nel andarde
al Louvre, traversò Egli la città, e dal popolo fu veduto ed acclamato con gran tene-
rezza .. »
[3] Héroard, *De l'Institution du prince*, 2e matinée.
[4] *Ibid.*, 5e matinée, dans la forêt de Saint-Germain.

Cette dernière phrase, arrachée à Héroard par la force de la vérité, jette une lueur effrayante sur cette jeune figure; elle dut faire
trembler le maréchal.

L'opinion du docteur sur le prince se montre jusque dans les précautions qu'il prend pour la dissimuler; les formes naturelles se
voient malgré les draperies. D'ailleurs, les remèdes, prescrits dans
l'*Institution*, faite pour le malade, n'accusent-ils pas la maladie?

VII

Ce livre, composé au Château-Vieux de Saint-Germain, y fut offert
par l'auteur au prince, qui en était l'objet, le 1er jour de l'an 1609.

Le Dauphin reçut ce présent avec une indifférence dont Héroard a
gardé note dans son *Journal* : « Je lui donne mon livre, dit-il,
fait pour lui; et il me commande de le garder[1]. » Le docteur le
garda sans doute longtemps.

Le prince avait cependant le désir « *de tout savoir.* » Il était ingé-
nieux et adroit; la varlope, la lime, la forge, rien ne lui était étranger. Il tournait avec un Allemand, dessinait avec Fréminet, modelait
avec Dupré, jouait de l'épinette avec La Chapelle, du luth avec
Bailly, montait à cheval avec Pluvinel, faisait des armes avec Hiéro-
nimo ou Salomon, chantait avec Indré, dansait la saugrenée et la
sarabande, la gavotte et la bourée... Il savait les ballets des *Gre-
nouilles* et des *Falots*, à faire « pleurer de joie » Henri IV[2].

Bassompierre, qui n'était pas flatteur, se mettait quelquefois à
l'unisson de la cour; il « loua un jour Louis XIII de ce qu'il étoit
fort propre à tout ce qu'il vouloit entreprendre, et que, n'ayant

---

[1] *Journal.* 1er janvier 1609.

[2] *Ibid.*, 1508, février 21. — Ce ballet des *Falots* fut exécuté le 21 février 1608
à Saint-Germain, dans la grand'chambre du roi, et en sa présence. Le Dauphin s'ha-
billa en secret dans les appartements de madame de Montglat. « Il ne vouloit pas
être reconnu, d'autant qu'il étoit habillé en fille, comme tous ceux qui dansoient
avec lui, et masqué. M. le Dauphin et M. de Vendôme, madame et mademoiselle de
Vitry, M. le Chevalier et M. de Verneuil; Marguerite, nièce de madame de Valon;
mademoiselle de Verneuil, Nicole, fille de la nourrice de Madame, et Loyse, fille de
celle de M. le Dauphin (qui l'appelait *Maman Dôdon*), » étaient des figurants. Chacun avait dans la main un cercle garni de laurier, au-dessus duquel était fixé un
falot avec une bougie allumée. Ce ballet était composé de trois figures représentant les lettres H, O et L. Il finissait par le passage des cercles et une courante.
L'auteur était un soldat piémontais, de la compagnie de M. de Mansan.

jamais été montré à battre le tambour, il y réussissoit mieux que personne[1]. »

Mais, à part la chasse, qui fut toute sa vie sa passion, « il étoit en tout, dit l'Étoile, enfant, *enfantissime*. Après sa majorité et son mariage, il s'amusait encore « à imiter avec des tuyaux de plume les artifices des eaux de Saint-Germain[2]. » Il fabriquait des canons de cuir, des toiles de chasse, des trébuchets ; il attelait des boucs à sa petite voiture ; il travaillait à ses châssis avec M. de Noyers, ramait ses pois et s'entendait en confitures. Sa Majesté lardait avec Georges, et le disputait à Devienne, son cuisinier, qu'il appelait *Grand-Roty*.

VIII

Le fils de Henri IV n'avait pas seulement le désir de « tout savoir, » et de tout faire ; il avait le goût des arts, de la mémoire, de l'intelligence, de l'imagination, la vivacité d'esprit de son père, la repartie souvent piquante. Mademoiselle de Ventelet lui dit une chanson ; il la répète :

— Mon Dieu ! monsieur, quel esprit vous avez !

— Mon esprit, répond-il, est comme les joues de Robert, le singe de papa ; j'y fourre tout[3].

On lui apprend que sa mère avait donné à M. de Frontenac, le fils, la capitainerie de Saint-Germain, qu'avait son père, et que celui-ci gardait la lieutenance :

— Voilà qui est curieux, dit le prince ; le lieutenant donnera le fouet à son capitaine[4].

Le marquis de Tresnel lui demande lequel de lui ou de M. de Verneuil était le plus souvent fouetté.

— Ho ! dit le Dauphin, le gouverneur de Féfé, M. Dupont, est bien doux ; mais M. de Souvré ne l'est pas du tout ; il faudroit saler M. Dupont, et donner du sucre au maréchal.

Le mois précédent — et ceci a une plus haute portée — il entend dire que Mutius Cordus avait brûlé sa main, pour la punir d'avoir poignardé un autre que Porsenna :

— Il aurait dû brûler sa tête, dit l'enfant ; elle avait conseillé

---

[1] Bassompierre, I, 557, année 1618.
[2] *Ibid.*
[3] *Journal*, 1608, mars, 25.
[4] *Ibid.*, 1610, septembre, 25.

la main[1]. — Mais son esprit et son intelligence n'allèrent pas jusqu'à lui faire comprendre ce qui lui manquait :

> Il eut cent vertus de valet
> Et pas une de maitre[2].

C'est ce qu'en d'autres termes lui dit un jour M. d'Angoulême :
— Sire, vous portez avec vous votre abolition[3].

IX

Cette malheureuse habitude de sauter à tout et de ne tenir à rien, cette nature stérile, quoique riche, et qui, voulant être partout, n'était en réalité nulle part, inquiétaient l'auteur de l'*Institution*. Comment saisir un cheval échappé qui s'épuise en courses vagabondes ? Il conseille la lecture : la parole ne fait que couler ; quand on lit, l'esprit s'arrête et digère tout à loisir. « Je conjecture, lui dit le maréchal, que vous seriez d'avis de lui faire savoir les lettres ?

— Bien qu'on tienne communément, répond Héroard, qu'il importe peu que les princes soient doctes, j'estime toutefois que les lettres ont la vertu de donner à l'esprit de l'embellissement et de la vigueur. De plus, il est fort raisonnable que celui qui doit commander à tous, les surpasse aussi trestous en suffisance. »

L'auteur toutefois avait peu d'espoir ; il ajoute : « C'est là, certes, un bien ; mais il est plus aisé à souhaiter qu'à espérer pour notre jeune prince, vu le siècle où nous vivons. La rouille d'une cuirasse est aujourd'hui plus prisée que l'excellence et la lumière de la doctrine[4]. »

Le siècle, en effet, a une grande influence sur l'éducation ; nous en aurons bientôt des preuves fort tristes ; mais dans son *Journal*, l'auteur, plus libre, reconnait que le Dauphin avait naturellement horreur du travail ; et que, si les occupations frivoles auxquelles il

---

[1] *Ibid*. Héroard a traduit dans deux distiques la réponse du prince :

> Sedentem solio Mutius pro rege trucidat.
> Erroris pœnas sentiit arsa manus,
> Quum caput hoc meruit torreri, o Scævola, flammis,
> Delphin ait, falso consuluisse manum.

[2] Épitaphe.
[3] Tallemant des Réaux, III, p. 69, 1840.
[4] Héroard, *De l'Institution du prince*, 5e matinée.

se livrait capricieusement eussent exigé de l'application, il les aurait évitées, comme il évitait tout labeur intellectuel.

Quelques traits de sa vie feraient peut-être croire qu'il aimait la lecture. Son page, avec qui il s'amusait, lui dit en plaisantant et sans doute dans une intention maligne : « Nous chargerons de bons vins le bateau du Pecq !

— Non, répondit le prince qui aimait la contradiction; nous le remplirons de livres. »

Il plaisantait. Des livres, il n'aimait que ceux où il trouvait des figures : on le voit sans cesse avec les emblèmes d'Alciat, les animaux de Gesner, les figures de la Bible, les bâtiments de Vitruve, les cartes ou l'*Aurei sæculi imago* d'Ortellius, les plans et les figures de Merula et de Du Choul ; jamais avec César, Salluste, Tacite ou seulement avec Plutarque, que Henri IV, à son âge, aimait tant.

L'*Histoire de la paix*, écrite par Pierre Matthieu, historiographe de la cour, fut offerte au prince par M. de Vic, de la part de l'auteur, au château de Saint-Germain[1]. Le sujet était intéressant; il devait fixer l'attention du fils de celui qui avait conquis cette paix. Mais le livre n'avait pas de gravures : il eut le sort de l'*Institution*; le Dauphin en détourna les yeux et se mit à feuilleter les *Chasses* de Du Fouilloux.

L'année suivante, il vit Matthieu dans les mains de *Féfé*, le chevalier de Vendôme. Il laissa tout à coup le livre des *Oiseaux* et voulut enlever à son frère l'*Histoire de la paix*. Ce n'était point pour lire; il défendait sa propriété envahie et son autorité méconnue. Il courut sur le coupable à coups de poings, en disant : « Je vous ferai trancher la tête. » — On *tance* le prince, dit Héroard ; mais il persiste, en criant : « Je lui avois commandé trois fois de n'y toucher pas! — Permettez, monsieur, dit le chevalier pour le distraire ; je vous ferai jouer. — Non, dit le prince en colère ; allez-vous-en. Vous me dites cela pour me le faire passer[2]. »

La lecture, dont Héroard voulait que de Souvré se servit comme de bride, n'était donc point du goût de cet esprit léger et indomptable. Il se cabre à la vue d'un livre ; ou, s'il consent à jeter un coup d'œil sur une page, c'est pour s'en délivrer plus vite. Il lit une ligne et dit aussitôt : « Assez! une autre fois j'en dirai cinquante[3]. »

Quelques jours après, pour s'affranchir complètement de son livre, il le cacha et accusa la petite Du Lux de le lui avoir pris. On trouva

---

[1] Cette histoire est peu connue; Feller ne la mentionne pas; elle parut en 1606.

[2] *Journal*, 1606, janvier 17.

[3] *Ibid.*, 1607, août 12.

le corps du délit dans le chapeau de Son Altesse[1]; elle avait menti pour ne rien faire.

L'émulation paraît un jour triompher de son apathie. Il va dans la chambre du chevalier, où se tenait l'école. « Je veux aussi étudier, dit le prince, en voyant ses compagnons à l'étude. Qu'on apporte mon équipage. » C'était une écritoire en forme de cassette, dans laquelle se trouvait papier, plume et encre. Mais ce bon mouvement ne dura pas; on le vit incontinent plier bagage.

Pour secouer le joug que l'étude lui eût imposé, tous les moyens étaient bons; après le mensonge, qui est toujours une lâcheté, et la résistance souvent brutale, cette âme, naturellement hautaine, s'abaissait quelquefois à la flatterie : « Maman Gat, c'est bien long! disait-il en la caressant; maman Gat! ma bonne femme, c'est bien long![2] »

A bout de voie, Louis XIII eut la pensée d'appeler à son aide la corruption. C'était en 1614; il venait de proclamer sa majorité; David Rivault, sieur de Fleurance, que ses *Éléments d'artillerie* avaient recommandé à la reine, parce que ce mathématicien devait être du goût de son fils, grand amateur de mécanique, Rivault lui faisait un jour je ne sais quelle démonstration. L'élève n'écoutait guère; il arrête tout à coup son précepteur : « Fleurance, lui dit-il d'une voix douce, si je vous donne un évêché, accourcirez-vous mes leçons?

-- Non, sire. »

Sa Majesté se tut, mais la démonstration fut sans doute remise[3].

Un autre jour, la scène fut moins calme; le roi ne se contint plus : il entra en fureur contre le savant, qui, sans se troubler, lui répondit : « Sire, j'aime mieux que vous me haïssiez homme de bien, que si vous m'aimiez autrement; je gagnerai aussi bien ma vie chez les Turcs, qu'auprès de Votre Majesté. »

Le maréchal de Souvré lui-même a peu d'empire sur son élève. Il était dans le cabinet des études, occupé de toute autre chose que de son livre; le gouverneur l'engage à quitter les bagatelles pour des objets plus dignes de lui. Le roi le regarde en face et s'aperçoit qu'il est couvert. « Quoi! dit-il au maréchal en évitant la question, vous avez votre chapeau sur la tête?

— Oui, répond le maréchal; et si je ne l'ôte pas, ce n'est point que j'ignore ce que je vous dois. Plaignez-vous à la reine. »

Lefebvre, un de ses précepteurs, ramène la discussion à son point

---

[1] *Journal*, 1607, novembre 20.
[2] *Ibid.*, 1605, juillet 19.
[3] *Ibid.*, 1614, novembre 21.

de départ, en engageant leur élève à travailler. Le jeune roi se tourne alors vers ce dernier : « En vérité! lui dit-il d'un air moqueur, du commencement vous étiez si doux, que vous trembliez ; et maintenant vous êtes si dur[1]! »

Le 22 décembre de la même année, en vertu de son bon plaisir, il refuse tout net d'étudier la géographie. Le maréchal insiste ; son élève l'attaque : « Vous êtes en colère? lui dit-il. Eh bien! levez-vous!

— La reine m'a permis de m'asseoir.

— Je vous ferai bien lever. »

Il prend brusquement sa chaise, la porte à côté de celle de M. Souvré, s'y assied, en sautant et s'écrie, levant la tête : « Venez maintenant vous accomparer à moi! »

Le maréchal se lève ; et le roi s'en va en ricanant chercher ses cartes[2].

La bataille est quelquefois d'une autre nature ; le prince se contente de lancer à la figure du maréchal les noyaux de ses cerises, de le menacer des verges, de lui faire les cornes[3], de l'obliger à lever la main qu'il ne se fâchera plus[4], ou, dans une suspension d'armes, d'appeler en conférence le duc de Bouillon, pour traiter de la paix.

Mais sa raillerie est parfois d'une insolence barbare :

« Hé bien! maréchal, vous n'avez rien à dire à cette heure?

— Non, sire. »

L'élève se précipite alors vers le gouverneur et l'embrasse :

« Ha! le bon homme! le meilleur homme du monde! allez vous coucher! allez et dormez bien[5]! »

L'année même que le livre de l'*Institution* lui fut offert, le prince avait déclaré à son gouverneur qu'il ne voulait rien faire ni rien croire de ce qu'il pourra jamais lui dire[6]. Voilà l'enfant proclamé docile par le document public.

---

[1] *Journal*, 1611, septembre 26.
[2] *Ibid.*, 1611, décembre 22.
[3] *Ibid.*, 1609, mai 5.
[4] *Ibid.*, 1615, janvier 26. — 1611, août 6.
[5] *Ibid.*, 1612, août 4.
[6] *Ibid.*, 1609, juillet 16.

X

Henri IV avait, à onze ans, traduit les premiers livres des *Commentaires* de César, sous la direction de La Gaucherie, précepteur de l'illustre Béarnais. Les flatteurs voulaient que son fils, qui ne lui ressemblait guère, fût son image; ils lui attribuèrent une traduction du *Carta regia*, lettre en soixante-douze chapitres, adressée à Justinien par un diacre de Constantinople. Cette épître, que les Grecs appellent *la Royale*, traite des devoirs des princes, et fut mise entre les mains de l'enfant, le 25 janvier 1612[1], pour lui apprendre à la fois ses devoirs, auxquels il ne pensait guère, et la langue latine, dont il ne savait pas les déclinaisons en 1609[2]. Le traducteur est respectable, en vérité; il a dix ans et demi, vingt mois de latin et pas de goût pour l'étude! La traduction de *la Charte royale* appartient au professeur qui expliquait le texte et corrigeait ensuite l'écho, quand il avait mal répété[3].

Les ombres du château de Saint-Germain ne furent pas aussi épaisses que Héroard l'aurait voulu; on connut bientôt de l'autre côté des murailles l'aversion du Dauphin pour les lettres. Billard, dans sa tragédie de *la Mort de Henri IV*, la moins mauvaise de ses pièces, écrite l'année même qui suivit l'assassinat, Billard met en scène la cour toute entière. On y voit figurer le Dauphin, qui s'exprime en ces termes :

> ... Je ne suis jamais las
> De courir tout un jour; mais, si je prends un livre,
> La lettre me fait mal...;
> La migraine me tient. N'en sais-je pas assez
> Pour l'aîné d'un grand roi? Tous ces rois trépassés
> Il y a si longtemps ne savoient rien que lire,
> Parler en bon français et bien faire le sire :
> Que désire-t-on plus?

Là-dessus, ses compagnons font naturellement chorus :

> Je ne puis mettre dans ma tête
> Ce méchant latin étranger
> Qui met nos fesses en danger...

Ce ne sont point là des traits lancés par un ennemi; Billard avait dédié sa tragédie à la régente, Marie de Médicis; il comptait qu'en

---

[1] *Journal*, 1612, janvier 23.
[2] *Ibid.*, 1609, avril 30.
[3] *Ibid.*, 1612, janvier 27.

ennoblissant ce dégoût pour l'étude, il s'attirerait les faveurs du fils et de la mère. Cette proclamation du *far niente* déplut à de Souvré qui le combattait, aux précepteurs dont la mission devenait plus difficile, à Héroard surtout ; il connaissait jusqu'au cœur du palais, « de *vieilles cuirasses*, des partisans qui ne chatouilloient, dit-il, que les gales de l'âme, pour substituer à la raison une humeur fainéante, mollasse et sans saveur[1]. » Le poëte, ancien secrétaire des commandements de la reine Marguerite, en fut pour sa bassesse.

Héroard avait conseillé au maréchal de faire apprendre à son élève, au lieu du grec, les langues étrangères et l'histoire. Le docteur avait raison ; mais nulle part, dans le *Journal*, il n'est question d'espagnol, d'anglais ou d'allemand, pas même de la langue de sa mère. Il assistait, un jour, à une comédie italienne, qui excitait l'hilarité des spectateurs. Il se mit à rire, lui aussi, mais sans comprendre : « pour faire croire, dit-il ingénuement, qu'il savait l'italien. »

Quant à l'histoire, qui est « la vieillesse des jeunes gens, » il l'abandonna avec le latin à douze ans et demi[2], et n'y revint guère par la suite.

Gomberville, le président Hénault et le père Griffet, disent que ce qui le dégoûta de la lecture fut l'histoire de France de Fouchet. Cela n'est point ; quand Mézerai présenta le premier volume de la sienne à Louis XIII, devenu homme, que fit ce roi ? Il ouvrit le livre, tomba sur une gravure qui représentait Suger, et se mit à la copier sans dire un mot à l'auteur ; Louis XIII n'avait pas perdu, dans l'âge mûr, le goût des images, avec lesquelles il avait passé son enfance. On comprend qu'il ait supprimé, après la mort de Richelieu, toutes les pensions des gens de lettres, et qu'il ait dit : *Nous n'avons plus à faire de cela.*

Finissons ce chapitre par un trait mordant, qui le résume. Bassompierre disait au roi que, lors de son ambassade à Madrid, il avait fait son entrée dans cette ville, monté sur la plus belle petite mule du monde, que lui avait envoyée le roi d'Espagne : « Oh ! la belle chose que c'était, s'écria Louis XIII, de voir un âne sur une mule ! — Tout beau ! reprit Bassompierre ; sire, c'est vous que je représentois. »

---

[1] Héroard, *De l'Institution du prince,* 4e matinée.
[2] *Ibid.,* 1614, janvier 7.

XI

Personne ne demande pourquoi Louis Ier fut appelé le *Pieux*, et Louis IX *saint*. D'autres rois ont porté les noms de *Hardi*, de *Hutin*, de *Sage*, de *Grand*, de *Père du peuple*. Chacun a son auréole naturelle et incontestée; mais Louis XIII, surnommé le *Juste*, a-t-il mérité la sienne? L'amour de la justice fut-il le caractère dominant de sa vie? ou un trait de justice éclatant l'a-t-elle marquée de son sceau?

On n'est point d'accord sur l'origine de ce surnom [1]. Tallemant des Réaux, qui savait bien des secrets, suppose que Richelieu l'appela le *Juste* pour éviter celui de *Bègue*, qu'un vice de prononciation pouvait lui faire donner. Richelieu chercha incontestablement à glorifier le roi de France; mais ce roi était dit le *Juste* bien avant la nomination de ce grand ministre. Il faut donc remonter plus haut.

« Dès les premières années de son *règne*, dit le président Hénault, le fils de Henri IV fut appelé le *Juste;* et, ajoute-t-il, on n'en sait pas davantage. »

L'érudit président a fait un pas vers la vérité; mais pour l'atteindre il faut remonter même avant le *règne* de ce prince; Louis XIII eut ce titre en naissant; Marie de Médicis accoucha sous le signe de la *Balance !*

Les préjugés contemporains et les flatteurs, qui sont de tous les temps, se trouvèrent d'accord; une coïncidence fortuite fut prise pour une bonne nouvelle; ce qui n'était que de l'astrologie devint une vérité : le nouveau-né fut le *Juste* par la grâce du zodiaque! « Nostre prince, disait-on, doit tenir en sa main ceste *Balance* qu'il a portée du ciel en sa nativité [2]. »

Rubens fut un des propagateurs de cette flatterie. Quand il fit le tableau de l'accouchement de la reine, il y représenta la déesse de la *Justice*, accompagnée de sa *balance*, recevant le prince des mains de sa mère, et le donnant en garde au génie de la Santé [3].

Ouvrez le livre qu'Héroard dédia à Louis XIII *avant* son avénement à la couronne : le frontispice est la traduction figurée de la même flatterie. On y voit l'enfant debout entre les deux moitiés *égales* d'un globe coupé d'un pôle à l'autre, dans le *juste* milieu qui est le

[1] Hénault, *Abrégé chronologique de l'histoire de France.*
[2] Héroard, *De l'Institution du prince*, 4e matinée.
[3] Héroard, premier médecin du prince, ne serait-il pas ce génie de la Santé? — Les tableaux, dont celui-ci fait partie, ont été gravés par Autran, sur les dessins de Nathier. — Musée du Louvre, n° 631.

caractère de la *justice*. L'auteur, qui craignait peut-être de n'être pas suffisamment compris, a mis dans la main droite de sa royale figurine une *balance* dont les bassins sont *égaux*, et sur le bras gauche de l'enfant le poisson symbolique du *Dauphin* de France.

En venant au monde, Louis XIII s'est trouvé le *Juste*. On ne dira pas de lui ce que Tertullien disait des premiers chrétiens : *fiunt, non nascuntur*.

Six mois avant la publication de l'*Institution du prince*, l'occasion se présenta d'annoncer de l'autre côté des frontières cette incarnation de la *Justice*, « portée du ciel » dans le berceau du fils du roi. Le 18 août 1608, le Dauphin, peu ami de l'étude, venait de dire à Beaugrand, son maître d'écriture : « Allez-vous-en, je n'écris point ce matin. — Monsieur, dit Héroard au prince, voici un petit livre dans lequel un seigneur allemand, Wilhelm Friedrich, vous prie d'écrire quelque chose. On verra votre écriture et votre nom dans toute l'Allemagne ; l'Empereur lui-même les verra ! »

Cet album était curieux. Maurice de Saxe, qui avait gagné la bataille de Nieuport contre Albert d'Autriche, y avait tracé en français cette fière devise : *Je maintiendrai*.

Le prince de Galles, qui écrivait quelquefois au Dauphin en lui envoyant des chiens et des chevaux, avait mis sur une autre, en latin : *Fax mentis honestæ gloria* : La gloire, c'est le mobile des âmes généreuses.

Sur une troisième, le comte d'Essex, qui fut décapité à Londres, avait écrit ces mots amers : *Virtutis comes invidia* : L'envie ne s'attache qu'au mérite.

Sur la page suivante, milord Cecil, ennemi du comte d'Essex, lui avait jeté cette réponse dédaigneuse : *Vana sine viribus ira* : Sans force, la colère n'est rien.

Flatté de se trouver en telle compagnie, surtout de penser que son écriture allait voyager par le monde et entrer chez l'Empereur, le Dauphin se hâta de répondre à Héroard : « Je veux écrire. »

Il ne savait pas un mot de latin : il n'avait que sept ans ; n'importe : il ne fallait pas, même à son âge, être inférieur à personne. Il écrivit donc, sous la dictée d'Héroard et la direction de Beaugrand, ce passage de Manilius, le poëte astronome : ·

Lancibus ut gentes tollat prematque

Signé : *Louis*.

comme s'il avait voulu dire : Je suis le *Juste* ; je pèse les peuples dans ma *balance* [1].

---

[1] Héroard, *Journal*, 18 août 1608.

Mais ses précepteurs ne se faisaient pas illusion sur la justice in-
née de leur élève. Héroard, qui savait combien les procédés du prince
étaient contraires à cette vertu, dit très-sensément ? « On saura qu'il
est *juste* quand il aura le désir de ne pas faire aux autres ce qu'il ne
veut pas qu'on lui fasse à lui-même. »

Le P. Gauthier n'ignorait pas davantage ce qui manquait à ce prince
pour être digne de l'honneur qu'on lui faisait. Il monta un jour dans
la chaire de la belle et vénérée chapelle du château de Saint-Germain, bâtie par saint Louis, le plus *juste* des rois, et apprit au Dauphin ce qu'il avait à faire pour mériter le nom de *Louis* et celui de
juste. Il prit pour texte ces mots : *Domine da regi judicium, et filio
regis* justitiam. Il ne croyait donc pas au fatalisme astrologique.

Le 51 décembre 1611, plus d'une année après son avénement au
trône, Louis XIII était encore loin de donner les preuves de justice
que demandait Héroard. Lefebvre lui donna pour leçon ces mots :
Justus *princeps debet semper in promptu habere clementiam.*

En parlant à son élève, la veille du jour de l'an, de la clémence,
comme d'un apanage de la justice, le précepteur avait peut-être
dans la pensée d'obtenir la grâce de M. de Vatan, détenu à la Con-
ciergerie pour un prétendu crime de lèse-majesté. « Un prince *juste*,
répétait Lefebvre, doit toujours pardonner. — Même à M. de Vatan ?
dit Louis XIII. — Sire, le prince pardonne, mais il renvoie aux magistrats le jugement des crimes. »

Héroard s'exprime plus énergiquement dans l'*Institution* : « Il ne
faut pas que le prince force les juges au préjudice de l'*équité*[1]. »

Ce roi de dix ans ne fut pas convaincu ; il appela M. de Souvré :
« Que je vous die un mot à l'oreille. La royne, ma mère, dit que si
on pardonne à Vatan, beaucoup d'autres voudront faire de même. »
(Il s'agissait d'une affaire de faux-sauniers.)

Le maréchal s'inclina : « Voilà, sire, une parole notable. » Le roi
la fit consigner dans le *Journal* de son docteur. Cet enfant était jaloux de son autorité et vindicatif; M. de Vatan fut exécuté en
Grève[2].

Des Yveteaux lui-même cherchait à inspirer à son élève l'amour

---

[1] Héroard, *De l'Institution*, 5ᵉ matinée, sous le portique de Neptune du château
neuf de Saint-Germain. Cependant, l'année même de la publication de ce livre, le
prince, étant au palais, ne voulut pas entrer dans la chambre dorée où l'on rendait
la justice : « Je ne veux pas entrer; la Justice y est, dit-il en souriant ; il ne faut
pas l'empêcher. » — On reconnaît la leçon du docteur. — *Journal*, 1608, mars 5.

[2] Héroard, *Journal*, 51 décembre 1611. On avait pris sur ses terres des faux-
sauniers. Vatan, par représailles, arrêta le fils du fermier des gabelles : « Je crois,
dit Malherbe, qu'il aura son pardon. » Mais il fut exécuté en Grève et sa maison fut
rasée.

de la justice, dont il ne voyait pas en lui, malgré la *Balance* de sa *nativité*, des germes bien rassurants : «*Discite justitiam moniti, et non temnere divos.* Savez-vous ce que cela signifie? dit sottement le précepteur au prince, qui la veille avait appris à décliner *Ludovicus* jusqu'à l'ablatif.

— Je ne sais, répondit l'enfant, » qui n'avait pu la nuit devenir un grand latiniste.

La traduction que fit le maître prouverait qu'il n'était guère au-dessus de l'élève : « Cela signifie, dit magistralement Des Yveteaux : « Soyez avertis à apprendre à faire justice et à ne craindre point Dieu[1] ! »

Cette traduction est la parodie de la plus belle pensée et du plus beau style qu'on pût offrir au prince : le respect de la justice et sa sanction suprême, la crainte de Dieu. Involontaire, cette version accuse une ignorance inexplicable à une époque où tout le monde se piquait d'être cicéronien; voulue, elle est inqualifiable.

Quoi qu'il en soit, tous ceux qui étaient chargés de l'éducation du prince ne croyaient guère à son amour de la justice : on ne cherche pas avec tant de sollicitude à allumer un flambeau qui brille.

Il y a plus : on se moquait de Louis le *Juste*. « Oui, disait-on, le *juste*... arquebusier. » En effet, il avait du goût pour l'arquebuse à croc, et il s'en servait avec adresse.

Nogent lui dit un jour, en plaisantant, quelque chose de semblable. Il jouait avec le roi au gros volant : « A vous, sire ! » lui criat-il. Louis XIII manqua le coup : « Voilà un beau Louis le *Juste !* » dit alors Nogent. Le roi se tut, comme après le trait déchirant que lui lança Bassompierre à son retour de Madrid.

XII

Avait-il plus de piété que de justice? L'une est si voisine de l'autre, qu'il est permis de les confondre. « Il aura cette vertu souveraine, dit son docteur, quand on le verra *juste* en ses déportements de fait et de parole[2]. »

Du Peyrat, que le grand-aumônier de France appela près du prince en 1610, pour lui tenir lieu d'aumônier servant, lui attribue, pour preuve de sa piété, une initiative que Louis XIII n'eut certainement

---

[1] Héroard, *Journal,* 2 mai 1609. — Des Yveteaux avait pris *temnere* pour *timere.*

[2] Héroard, *De l'Institution du prince,* IIIe matinée.

pas. Ce n'est point ce roi de neuf ans qui fit faire et imprimer les *Petites heures du roi*. La pensée de cette pieuse composition appartient au P. Coton, auteur du livre et confesseur du prince. Il avait déjà rédigé, à la demande de madame de Montglat, un *Petit catéchisme à l'usage du Dauphin*.

Il faut rarement prendre à la lettre ce que disent les serviteurs : la vue du maître inspire toujours des paroles suspectes. Les *Petites heures* furent, il est vrai, publiées par l'autorisation, ou, si l'on veut, par *l'ordre du roi*, comme l'étaient d'ailleurs toutes les productions littéraires; mais dans son enfance surtout, le roi était comme s'il n'eût pas été. Après la mort de Henri IV, ce fut Marie de Médicis qui gouverna, et plus tard le ministre, l'ordre du roi est une fiction. Dans ses *Antiquités de la chapelle*, Du Peyrat a donc pris l'ombre pour la réalité[1].

« Gardez-vous bien, dit Héroard à M. de Souvré, de faire du prince un superstitieux, au lieu d'un homme *pie!* » Que devait-il penser, le sensé docteur, en voyant madame de Montglat faire descendre mécaniquement de l'intérieur de la cheminée une grosse poignée de verges, pour faire croire à son élève qu'un ange les apportait de la part de Dieu, pour punir les rebelles et les impies? Il ne nous l'apprend pas; mais il dit que l'enfant vit la ficelle, et s'en moqua.

Du Peyrat, le soir, s'agenouillait devant le lit du prince, et lui présentait, dit-il, un goupillon d'argent que l'enfant secouait sur sa couche « quant et quant, en divers endroits; » et Du Peyrat publie dans son livre que c'est là une preuve de la grande piété du prince!

Laissons les documents faits pour la montre, et lisons ceux de l'histoire secrète. Le 3 juin 1605, le prince se lève en disant : « Je ne veux pas prier Dieu! »

Il faisait souvent cette déclaration, plus accentuée, quand on lui résistait : « Je ne veux pas prier Dieu, moi !

— Vous ne m'aimez donc pas? lui dit madame de Montglat, en insistant avec douceur.

— Non, je ne vous aime pas, et je ne vous crains pas, moi!

— Adieu donc, monsieur, je m'en vais! »

Il s'adresse alors à une femme de chambre qui se mettait aux lieu et place de madame de Montglat : « Non, je ne veux pas prier Dieu, moi! Vous n'êtes point ma gouvernante; je veux maman Gat! »

Madame de Montglat arrive; le prince prend un crayon : « Voici *Pater*, dit-il, en faisant des traits insignifiants sur un bout de papier qu'il trouve sous sa main; voici *Ave*, continue-t-il, en en faisant d'autres; voici *Sancta*; voici *Angele...* »

---

[1] Du Peyrat, *Des antiquités de la chapelle du roi*, p. 479.

On envoie chercher Bongars, dont il avait peur; il crie plus haut : « Non, je n'obéirai pas!... Encore que vous portiez à votre ceinture des ciseaux dorés, maman Gat, non je ne vous obéirai pas[1]! »

Une autre fois, sa gouvernante lui promet quelque chose s'il veut répéter cette sentence : « Dieu voit ce que nous faisons et pèse toutes nos œuvres.

— C'est trop long, répond le prince; si vous me faites dire cela, je m'en irai à Paris. En même temps il court, en disant : *Dominus vobiscum!* vers un chat qu'il épouvante : « Maman Gat, fait-il remarquer avec malice, le chat s'en va quand je dis : *Dominus vobiscum!* »

Le pieux enfant de Du Peyrat ne s'affranchit pas toujours de sa prière en vertu de son bon plaisir. Aujourd'hui il prétexte un mal de cœur qu'il n'a pas; demain, la toux qu'il pourrait avoir; ou bien il jure « qu'en dormant il dit à Dieu tout ce qu'il faut. » Tantôt il prétend que les prières font venir les chauves-souris; tantôt il assure qu'il sera malade s'il dit *Pater*, qu'*Ave* lui donnera la coqueluche, et qu'il mourra de peine si l'on continue[2].

Cependant on venait quelquefois à bout de lui faire dire cette prière : « Notre Seigneur, Dieu et Père, veuillez m'assister par le Saint-Esprit, et par icelui me gouverner et conduire, à cette fin que ce que je dirai, ferai ou penserai soit à son honneur et gloire, au salut de mon âme et à l'édification des hommes[3]! »

Quand il consent à prier, il lui arrive souvent de transiger pour obtenir une réduction : « Je dirai à c'te heure *Sancta*, et demain *Pater*. » Et dans ce cas il est rare qu'il n'ait pas des distractions qui font dans son Bréviaire d'étranges hachures : « *Pater noster...* Pourquoi cette assiette est-elle dédorée? »

« *Qui es in cœlis...* A qui est cette assiette? »

Il a même des plaisanteries moins spontanées : « *Credo...* à la musique. » Cette profession de foi au profit de la mandoline est-elle du goût de Du Peyrat?

XIII

Cela se passait dans la chambre du prince. Avait-il plus de piété devant l'autel? Le *Journal* d'Héroard contient ces lignes : « Monsieur, dit la nourrice au prince, jouant aux fenêtres qui donnaient sur le préau (aujourd'hui le quartier de Médicis), monsieur, voulez-vous aller à la messe? nous irons ensuite à la promenade.

---

[1] Héroard, *Journal*, 28 octobre 1605.
[2] *Ibid.*, 1605, 5 juin, 22 juin, 1er octobre, 14 novembre. — 9 janvier 1606,
[3] *Ibid.*, 1606, juin 12.

— Non ; j'irai premièrement me promener, puis à la messe.

— Mais, monsieur, vous trouverez la porte fermée.

— Je l'ouvrirai avec ma *haquebuse* à rouet ; un grand coup la rompra.

— Si vous la rompiez, Dieu s'en fâcherait. »

Le prince hoche la tête, lève la main, agite ses petits doigts, et dit en baissant le ton, parce qu'il sentait l'énormité des paroles qu'il allait prononcer : « Eh bien ! Dieu ? je le battrai[1] ! »

Il gourmande, il est vrai, les enfants de madame de Verneuil, qui parlaient haut à la messe : « Silence ! vous dis-je. » Puis, d'un ton plus impérieux : « Taisez-vous ! Il faut prier Dieu à la messe. »

Qu'on ne s'y trompe pas ; il pensait moins à Dieu qu'à faire acte d'autorité. Il voulait montrer qu'il était le maître, en humiliant ses frères naturels, qu'il n'aimait pas, et qui déjà lui faisaient ombrage.

Le Dauphin toutefois ne se contente pas de parler haut à la messe ; il s'y met en colère ; il crie, en repoussant son carreau : « Je n'en veux plus, on l'a touché ! »

L'aumônier ne fait point attention à ce caprice et commence la messe. La colère du prince redouble ; il crie plus haut : « Il ne m'a pas fait dire *Sancta !* » Il va, vient, s'agite, en criant de toutes ses forces au prêtre : « Dites l'Évangile ! » L'aumônier fait semblant de ne pas entendre. Le Dauphin s'en approche et répète : « Dites donc l'Évangile sur moi ! » Le prêtre, qui voulait faire cesser l'agitation que cette scène causait, se retourne et se dispose à lire : « Non, continue le prince, transporté de colère, et avec arrogance, pas ici, je veux que ce soit en ma place ! »

Il n'y eut pas moyen de l'apaiser ; on l'emporta de vive force. Madame de Montglat se trouva mal. Un homme entra avec une poignée de verges, tout se calma ; le petit despote assura qu'il n'avait garde d'être opiniâtre, et le soir il chantait joyeux :

Où êtes-vous allées, mes belles amourettes[2] ?

Le 22 juillet 1606, autre scène. Madame de Montglat le prie, pendant la messe, de s'agenouiller sur son coussin. Par esprit de contradiction, et pour n'avoir pas l'air d'obéir, il se met sur le pavé. La crainte des verges le lui fait prendre ; mais il feint de le mettre sous ses genoux et le pose à côté de lui. On ne fait pas semblant de s'en apercevoir, pour éviter un petit scandale, et la messe continue.

Quand Dumont, clerc de la chapelle, apporte au prince la *Paix* à

1 *Journal*, 4 janvier 1605.
2 *Ibid.*, 1605, décembre 31.

baiser, il y couche sa joue en ricanant et « se vautre ensuite sur son tapis. » Un moment après, l'aumônier s'approche pour lui lire l'Évangile, et attend que le prince se lève : « Non, lui dit le Dauphin, je veux être assis. » Il se met enfin debout, mais c'est pour jouer, pendant la lecture du livre saint, avec le cordon de soie qui y était attaché et pendait. La lecture faite, il fait volte-face, court près de madame de Montglat et lui enlève son livre en disant : « Assez, assez, vous avez dit deux messes! » Et, un moment après, il avait une sale pensée à propos de mademoiselle Du Bois[1].

Une autre fois, toujours pendant la messe, il quitte brusquement sa place et va se jeter sur le dos de sa gouvernante. Elle s'en délivre avec peine en le menaçant du fouet; mais il avise le chapelet qu'elle tenait, le lui arrache et le jette en l'air de toutes ses forces. Le chapelet tournoie sur les assistants et tombe sur la tête du prêtre, qui disait l'Épître. Cette comédie aurait continué, sans l'intervention du redouté Thomas, maçon du roi[2]. Voilà « les germes de piété » dont Louis XIII donnait les preuves dans la chapelle que saint Louis avait rebâtie « pour augmenter la dignité du culte. »

Le culte n'est le plus souvent pour lui qu'une simple distraction. Un jour il enlève le cierge du clerc de la chapelle, pour s'amuser à en faire les fonctions. Un autre, ce qui le divertit davantage, il lui prend sa clochette, l'agite de son mieux, et fait chanter par un de ses musiciens : « Amour a quitté les cieux, » ou chante lui-même pour montrer sa voix, qui dominait toutes les autres[3]. Il s'empare une autre fois du bénitier de la chapelle, et la parcourt en jetant de l'eau bénite à la figure des assistants. Il s'avise même de contrefaire son aumônier, en chantant comme lui le *Benedicat vos*[4]; ou il monte en chaire et fait le prédicateur.

En allant à l'*offrande* le jour de son sacre, toute l'attention du jeune roi se porta sur M. de la Châtre qui le précédait, et chercha à faire rire aux dépens du vieux connétable, en marchant sur la longue queue de son manteau[5].

Quand l'ennui le prenait à la messe, il demandait tout haut ses livres d'images pour s'amuser.

Il ne se gênait pas davantage avec les prédicateurs. Le 22 avril 1612 on vint dire à la reine que l'évêque de Luçon ne prêcherait pas, et savoir s'il fallait avertir le P. Coton. « Mais il n'est pas préparé, dit Marie de Médicis.

---

[1] *Journal*, 1606.
[2] *Ibid.*, 1606, mai 17.
[3] *Ibid.*, 1606, janvier 26 et 27. — 1612, avril 22.
[4] *Ibid.*, 1606, janvier 11. — 1608, août 21.
[5] *Ibid.*, 1610, octobre 17.

—J'en suis bien aise, répondit le roi son fils, il sera moins long. »

Le jésuite prêcha quelques jours après; mais comme il dépassait les limites que le prince supposait, celui-ci, roi depuis deux ans, lui fit signe de la tête et de la main qu'il en avait assez, et le prédicateur quitta la chaire[1]. Il demanda même un jour, dit Lestoile, « s'il n'y avoit pas moïen de faire porter son lit au sermon. » Il allait alors entrer dans sa douzième année.

XIV

Henri IV n'ignorait pas les espiègleries et les malheureuses inclinations de son fils. Sa tristesse devait être profonde, quand ses regards s'arrêtaient sur cette enfance à laquelle il devait bientôt manquer. Ne pouvait-elle pas se trouver en face des grands de sa cour, ligués contre le trône, avec la Savoie, l'Espagne et l'Angleterre? Que diront dans leurs synodes les prédicants? Que feront les âpres huguenots de Nimes et de la Rochelle avec leurs canons et leurs soldats? La féodalité princière n'étouffera-t-elle pas une royauté mineure et sans prestige? Ce qu'Héroard redoutait, le caractère peu sympathique de son élève et son jeune âge ne pouvaient-ils pas inspirer de *sinistres desseins* et rouvrir l'abîme des révolutions? Aussi, dès le 6 avril 1607, le roi avait voulu que son fils se confessât et fît maigre les vendredis. L'année suivante, quand Henri IV touche les malades réunis dans la cour des Fontaines à Fontainebleau; quand il communie de la main du cardinal Du Perron, il veut que son fils l'assiste.

A Saint-Germain il accompagne son père, qui suivait la procession de la paroisse un cierge à la main. Il regarde le roi, qui se frappe la poitrine au *Domine non sum dignus*, et le fils se hâte d'imiter le père. Le jour des Rameaux 1608, Henri IV voulut qu'il tînt sa place pour cette pieuse cérémonie. Le tambour prit le Dauphin au sortir de sa chambre, et le rôle de roi fut correctement rempli.

L'exemple ébranle et entraîne tout; d'ailleurs il craignait son père, il avait le sentiment de sa toute-puissance, et il était fier, enfant, d'être aux lieu et place d'un homme devant qui toute la France s'inclinait.

Il n'en était cependant pas toujours ainsi. Henri IV est souffrant, et ne peut faire un jeudi saint, selon son habitude, le lavement des pieds aux pauvres. Il charge son fils de le remplacer ; mais son fils se révolte : « Non, répond l'enfant ; mais je les laverais bien aux filles. »

Quand l'évêque d'Embrun eut fini son sermon, le roi fit mener de force le Dauphin à la cérémonie, précédé des princes de Condé et de Conti, des ducs de Vendôme, de Guise et d'autres grands seigneurs, qui portaient treize plats contenant le service des pauvres. Le premier approche, et Son Altesse, reconnaissant dans le bassin de la cérémonie celui qui était à son usage, manifeste son mécontentement, et sa mauvaise humeur redouble.

Cependant on verse l'eau dans la cuvette et l'on supplie le prince de se mettre à genoux. Il se redresse, il recule, il pleure ; on ne peut pas même l'obliger à se baisser. Le lavement des pieds fut fait par un des aumôniers du prince.

Il ne voulut pas davantage participer à la distribution des aliments : mais quand il vit les bourses, il s'empressa de les prendre et de les offrir [1].

Deux ans après, même proposition de la part du roi et même résistance chez son fils, qui ne veut pas entendre parler de la cène. Quelqu'un lui propose de l'y remplacer, en prenant le titre de Dauphin : « Je le veux bien, répond-il aussitôt, mais je le reprendrai incontinent. » Pour couper court à des débats qui pouvaient aboutir à un nouveau scandale, on mène le prince chez le roi, qui lui demande sèchement s'il veut enfin faire le lavement des pieds. L'enfant, qui redoutait son père, dit en soupirant : « Oui, mon père ; mais... j'aimerais mieux sauter le fossé. » Le moment venu, le prince hésite, il reste debout et immobile. Mais, fort de la volonté du roi, le maréchal de Souvré dit résolûment au prince : « Monsieur, vous laverez les pieds des pauvres ! » Le Dauphin se mit à genoux et s'exécuta [2].

Le souverain pontife, son parrain, n'est pas plus favorisé que le pauvre du jeudi saint. « Monsieur, dit madame de Montglat à son royal pupille, voulez-vous mander quelque chose au pape ? — Eh ! quoi ? — Que vous lui baisez les pieds. — Non, non ; il ne faut pas. »

M. de Nevers, qui devait partir pour Rome, vint quelques jours après prendre congé du Dauphin, et lui fit la même question sans plus de succès. « Mais, répliqua le duc, le roi m'a ordonné de dire de sa part au souverain pontife qu'il lui baisait les pieds. Vous plaît-il que je lui en dise autant ? » Le jeune prince, entraîné par l'exemple et la peur du roi, répondit enfin, mais avec peine : « Eh bien donc, je le

[1] *Journal*, 1607, avril 12.
[2] *Ibid.*, 1609, avril 16.

veux aussi [1]. » Le lendemain, il voulait faire croire qu'il n'avait dit cela qu'en plaisantant, pour faire partir M. de Nevers, qui *entravait sa liberté*.

S'agit-il de se moquer, il consent à tout. Le 5 février 1609, M. de Verneuil venait de prendre la soutane. Le Dauphin le rencontre chez la reine, se met à genoux à distance, et se traîne ainsi vers le prélat enfant pour lui baiser les pieds; et ses petits compagnons, *regis ad exemplar*, imitent processionnellement, et non sans rire, cette insolente comédie.

Voilà les *germes de piété* que les *Antiquités de la chapelle* et l'Épître dédicatoire du livre de 1609 annonçaient à la France. Mais les auteurs y croyaient peu. « Qu'on lui enseigne la piété, disait Héroard au maréchal; c'est la parfaite vertu, quand elle n'est pas superstitieuse... Qu'on lui parle souvent de Dieu, le roi de tout ce qui se voit au ciel et sur la terre... Qu'on abreuve ce vaisseau encore neuf de cette suave odeur; cela importe d'autant plus que les princes sont appelés à servir de lumière et à commander... »

XV

La même *Épître* vante encore le *courage* du Dauphin. Ce qu'Héroard dit pour lui en inspirer, la cour l'exprime en actions. La belle Corisande, ancienne maîtresse de Henri IV, donne au Dauphin sa première épée; la duchesse de Guise une arquebuse à croc; M. de Lorraine un mousquet; le maréchal d'Ornano un poignard à la sultane, semé de rubis; la duchesse de Mantoue un baudrier de soie et d'or auquel pend un autre poignard; le prince de Galles des pistolets; une députation de Moulins toute une armure; Sully, grand-maître de l'artillerie, un canon d'argent; Arnaud, secrétaire du ministre, une bannière d'azur, avec cette devise, surmontée d'une aigle : *Il est de la race invincible : Genus insuperabile bello !* Madame de Mercœur apporte à ce capitaine qui balbutiait, une chaîne d'or à laquelle pend un Hercule, au-dessous duquel on lit : « La grandeur de ton père et *sa* vertu te font plus grand qu'Hercule ! »

« Non, dit le prince, il faut : *ta* vertu.

L'enfant prend tout à la lettre; il est fier de lui-même plus encore que de son arsenal, où il comptait en 1614 plus de cinquante arquebuses. Il passe son temps à les démonter, à les brosser, à les contempler, à les manier tour à tour. Quelquefois il se fait habiller

[1] *Journal*, 1608, septembre 20 et 27.

de toutes pièces, allant, venant devant ses valets, ses frères et ses sœurs qu'il met en ligne, et marche devant eux, comme un général devant son armée, tambour battant et enseigne déployée. Il sonne le boute-selle et la charge; il donne le mot du guet et place ses sentinelles; il fait battre aux champs sur son passage, en disant : *Je souis mouchu Dauphin*. Il donne des coups de lance à tort et à travers; il maltraite l'un et met l'autre en *pison*. Il imite de sa plus grosse voix une explosion de mousquet et s'écrie : « J'ai tué un Espagnol! » ou il déclare qu'il veut exterminer tous les Turcs.

C'est à cette rodomontade qu'Héroard fait allusion, quand il lui dit de n'imiter point les faux braves « qui maschent les Othomans et leur empire [1]. »

Au récit de ces jeux, de ces batailles où il n'y avait de danger que pour les soldats du prince, ses grands parents d'Italie pleuraient de joie. Le duc de Toscane, dans son enthousiasme, écrivit à notre Hercule : « J'apprends que vous donnez les preuves d'un courage merveilleux : *Sempre più appariscono spirti mirabili di valore...* Vous vous livrez tout entier à des exercices chevaleresques, à des actions généreuses et héroïques : *a generose ed eroiche azzioni...* Le roi votre père doit être heureux de voir si tôt en votre personne l'image de la sienne, mieux encore, sa personne même : *anzi l'originale di se stesso,* car vous ne vous contenterez pas de l'imiter, vous vous transformerez en lui [2]... »

Illusions de famille! Si le grand-duc avait vu de plus près le *héros*, il eût été moins satisfait. Henri IV avait beau dire à son fils : « Il ne faut avoir peur de rien, » son fils avait peur de tout, peur de la lavandière et du charbonnier; peur du vent, de la pluie, du serein, du soleil, des brouillards, des mouches... Il redoutait l'amertume d'une infusion de camomille; il voyait à distance, en tremblant, des fusées monter du préau dans les nues; il n'osait pas plus regarder en face un homme de neige que les automates de la Grotte d'Orphée. A cinq ans il se fait encore porter par Birat; il aime sa lisière et se met lui-même un bourrelet sur le front, pour le protéger au besoin.

La peur le poursuit jusque dans ses prières. A ces mots : « Dieu me garde de mes ennemis, » il ajoute quelquefois : « Qu'il me garde aussi de Thomas, du Bossu, de Chabouillé, de sa truelle, de tous mes ennemis visibles et invisibles! »

Mais de tous les valets, celui qu'il craignait le plus, et auquel madame de Montglat avait le plus souvent recours pour vaincre les résistances de son pupille : c'était le maçon *Thoumas* : « Que signi-

---

[1] Héroard, *l'Institution,* 6e matinée.
[2] Héroard donne le texte de cette lettre, année 1607, octobre 20, du *Journal.*

fient, demanda-t-il un jour, ces mots de ma prière : Délivrez-moi du
Malin? — Cela veut dire de *tout mal*, répond la gouvernante. — Ah!
oui, de *Thoumas*, » réplique le prince, en jouant sur les mots.

Jamais enfant n'eut plus soin que lui de sa petite personne. « L'es-
pée de Jehanne la Pucelle, qu'on lui montrait à Saint-Denis, ne lui
inspirait pas d'actions *eroïche*. A peine se pique-t-il : il pleure à n'en
plus finir. On le coiffe, et il se plaint qu'on le fait souffrir; le bord
du chapeau d'un de ses voisins l'effleure, et il crie qu'on l'a blessé.
Sa main rencontre à table le couteau de madame de Montglat, il le
fait jeter par la fenêtre, parce qu'il a failli s'y égratigner. Son page
lui touche le pied; il se croit perdu, et il veut qu'on fouette sur-le-
champ celui qui a lésé sa majesté. Un saignement de nez l'épouvante;
une chauve-souris le fait frémir; un rhume, qu'il n'a pas, frissonner.
Il n'ose entrer dans une église, parce qu'il la trouve un peu sombre;
aller au château neuf, dont il redoute la chute. Il fait chauffer son
boire, de peur d'une sensation désagréable. Voyez-le jouer avec son
cheval de bois : « il le monte doucement, il en descend doucement,
craignant de se faire mal, dit Héroard. Cette appréhension ne le
quitte pas. »

Il avait peur des esprits; il donne ordre à deux valets de veiller
près de son lit, pour le protéger contre les fantômes [1].

Voici une preuve de son intrépidité. Le 20 janvier 1606 il fait commander des lances pour lui et ses petits compagnons; mais il a soin
d'ordonner que la sienne pique et tue, et qu'on mette une tête de
clou au bout de celles des autres, pour qu'elles ne puissent ni le pi-
quer *ni l'égratigner*.

Que la Seine lui cause quelque effroi, et qu'il s'en éloigne de cent
pas, à la bonne heure : sa prudence, bien qu'excessive, peut l'excu-
ser; mais il tremble en pensant à l'eau dont on le baptisera!

A huit ans, malgré sa vanité, son orgueil, ses coups de lance et tous
ses exercices *cavalereschi*, il n'ose sauter une petite rigole des jardins
de Fontainebleau, où Marie de Médicis l'avait fait venir pour quelques
jours. Le roi, M. de Souvré, toutes les personnes présentes, enjam-
bent tour à tour le filet d'eau, pour donner courage au prince et pi-
quer son amour-propre. Le prince recule. On passe et repasse vingt
fois; il recule encore, comme s'il avait vu l'Océan devant lui. Henri IV
insiste sans rien obtenir. Le maréchal, qu'humilient la désobéis-
sance et la couardise opiniâtre de son élève, le menace : « J'aime mieux
le fouet, » répond le Dauphin.

Cette lâcheté irrite le roi, qui fait donner trois coups de verges à
l'insigne poltron : « C'est rien, fit-il; ça m'a pas fait mal. »

[1] Héroard, *Journal*, 1611, mai 12. — Octobre 19.

La rigole ne fut pas franchie. Il est probable que le bulletin de cette victoire ne fut pas envoyé en Toscane[1].

Tel était l'Hercule de madame de Mercœur, celui qu'en 1614 les habitants de Nantes faisaient représenter par Nicolas Poussin foulant aux pieds le dragon du jardin des Hespérides. Est-ce là l'image du père, l'*originale di se stesso*, le fils de celui qui dans son enfance bondissait sur les rochers des Pyrénées tête nue et pieds déchaux?

XVI

Malgré les défauts de son fils et les craintes qu'il lui inspirait, Henri IV l'aimait tendrement. « Mon fils, lui écrivait-il en 1606, Guérin m'a rendu votre lettre. Il m'a dyt de vos nouvelles, et que, en attendant ma venue, vous avez byen soyn de mes jardins et de mes plans; de quoi j'ai esté fort aise. Je luy ay commandé, en luy rendant celle-cy, de vous dyre des miennes et de maman la royne; que j'espère vous voir yncontynent après la foire Saynt-Germayn, en laquelle je feray achepter des petytes besongnes pour vous jouer, lesquelles je vous porteray quant et moy, pourvu que vous m'aymiez bien, et soyez bien sage. Bon soyr, mon fyls. Ce dernyer janvyer, à Paris. Votre byen bon père. HENRY. »

Quelques jours après, il était à Saint-Germain avec les *petytes besongnes*, baisant son fils pendant son sommeil. Avant de partir pour le siége de Sedan, il alla encore l'embrasser : « Adieu, mon fils, lui dit-il, priez pour moi. Adieu, je vous donne ma bénédiction[2]. »

Une autre fois, au moment de quitter Saint-Germain pour retourner à Paris, le roi regarda son fils : « Quoi! vous ne me dites mot quand je m'en vais? » lui dit Henri IV. Le dauphin pleura *sans esclater*, dit Héroard, cherchant à cacher ses larmes. « Lors le roy, changeant de couleur et à peu près pleurant, le prit dans ses bras, le baisa en lui disant : « Je diray, comme Dieu dit en l'Escripture sainte : « Mon fils, je suis bien aise de voir ces larmes; je y auray « esgard. » L'enfant était ému; mais la véritable et profonde émotion, celle qui part du fond du cœur et *esclate*, était celle du bon Henri.

Son fils l'aimait sans doute, mais il le craignait encore plus qu'il ne l'aimait. Il ne faut pas prendre au sérieux, comme on l'a fait récemment, les petites lettres que le dauphin adresse au roi, et dont on

---

[1] Héroard, *Journal*, passim.
[2] Héroard, *Journal*, 1606, janvier 51; février 18; mars 15.

trouve le contenu dans le *Journal*, par exemple, celle qu'on donne comme preuve de l'amour du fils pour son père : « Papa, j'ay sçu que vous avez esté malade. J'en ay esté bien marry; mais j'ay tant prié Dieu qu'il vous a rendu votre santé ; j'en ay faict troi peti sauts. J'ay bien envie de vou voir, car je suis bien sage, pu opiniâte, et seray toute ma vie, Papa, votre tres-humbe et tres-obéissant fi et peti valet. Dauphin [2]. »

Quelque courte et simple que soit cette lettre, elle ne peut être attribuée au dauphin, qui, à cette époque, n'avait pas encore quatre ans. Pensées, expressions, l'écriture même, sont le fait du docteur. Il traçait, dit-il, ces petites dépêches en guidant la main inhabile de cet enfant; et, pour leur donner un, simulacre d'authenticité, il se jouait de l'orthographe et cherchait à imiter la prononciation enfantine du prétendu rédacteur.

Les scènes qui vont suivre sont d'une nature bien différente. Elles seraient même incroyables, si nous ne les faisions pas précéder d'une rapide esquisse des mœurs du seizième siècle.

XVII

Ce siècle eut ses gloires, personne ne les lui conteste ; mais ne font-elles pas trop souvent oublier ses ignominies? Le débordement de vie sensuelle commencé sous Louis XII alla croissant sous les règnes qui suivirent. Au milieu du cynisme résolu de Rabelais, l'*Amadis de Gaule* ne fut plus qu'un breuvage insipide. Si, au lieu de refléter son siècle, Rabelais n'avait fait que sa propre ressemblance, son livre, dans lequel le bien même prend la forme du dévergondage, serait un phénomène inexplicable; personne, excepté les estomacs dépravés, n'aurait voulu approcher ses lèvres de cette coupe nauséabonde. Mais tout le monde y but; les rois l'offrirent et s'y enivrèrent les premiers.

François Ier, qui amena le règne désastreux des favorites, et dont la cour, dit Brantôme, était *gentiment corrompue*, fit ses délices de Rabelais. Henri II, son fils, ne se contenta pas de rire des grossières jovialités du livre : en 1550, le 6 août, il en autorisa la circulation; il honora d'un privilége le cynisme effronté, et il trouva un cardinal pour en signer les patentes. Il est vrai que ce singulier cardinal s'appelait Odet de Châtillon. Alors régnait *Diane* de Poitiers, dont le

[1] *Ibid.*, 1605, juin 6 : « Je lui tiens la main pour écrire au roi... » et *passim*.

croissant brillait au faîte des palais et sur les arcs de triomphe que les bonnes villes élevaient sur le passage du roi. C'était le temps où le poëte Olivier de Magny chantait « l'honneur, la piété, la chasteté » de la reine de la main gauche !

« Dans ce siècle corrompu, dit un grave historien de l'époque, les poëtes détournaient les jeunes gens des études sérieuses par des compositions obscènes ; ils gâtaient le cœur des jeunes filles par des chansons licencieuses, et flattaient par des éloges de la plus honteuse servilité une femme vaine et trop puissante. » De Thou n'a rien dit de trop. Ces fils des dieux furent en vers ce que Rabelais était en prose. Villon mena les muses au cabaret ; Mellin de Saint-Gelais se distingua d'autant mieux qu'il s'enfonçait davantage dans la fange ; et à côté de Pierre Fayfeu, la tourbe des pantagruélistes fut presque de la bonne compagnie. Ronsard, il est vrai, recommande à sa fameuse Pléiade de ne point prostituer les muses, de se contenter d'une *licence honnête* ; mais il n'en paye pas moins son tribut au temps : il a du goût pour l'ode épicurienne ; et quoi qu'il dise ou fasse, un des sept sages de l'école, Jodelle fut de la divine Pléiade le plus vilain et le plus lascif : c'est l'expression de Lestoile, grand audiencier de la chancellerie de Paris.

Le bonhomme Lavirey sentait si bien ce que le langage et les intrigues de ses pièces avaient de bas, qu'il en demande pardon dans un de ses prologues : « Je vous prie de penser que, pour bien exprimer les façons du jour d'hui, il faudrait que les actes et les paroles fussent la lascivité même. »

Une puce, vue sur les épaules de l'honnête mademoiselle des Roches, fut chantée sur tous les tons par les plus graves esprits du seizième siècle, par Joseph Scaliger, par Sainte-Marthe, par d'éminents disciples de Cujas, de vertueux magistrats, Brisson, Estienne Pasquier, Achille de Harlay et plusieurs autres ; tant il est vrai que nul n'échappe entièrement à son siècle.

Montaigne dit qu'il a « une bouche effrontée, et qu'il regrette de ne pouvoir aller tout nud. » Or le seigneur Montaigne parle sans cesse de la contagion du siècle, et prétend s'en être « préservé[1]. » Agrippa d'Aubigné, le Saint-Simon du calvinisme, n'a pas plus le sentiment des convenances que Régnier, lequel se vantait de « s'égayer à la licence. » Malherbe, il est vrai, apprit à écrire purement ; mais l'impure priapée de Meynard, son disciple, prouve qu'il ne détrôna ni le coq-à-l'âne ni l'épigramme gaillarde.

En 1598, le 6 novembre, dans la grande salle des fêtes du château de Saint-Germain, on dansa le *ballet des Étrangers*, devant Henri IV

---

[1] Montaigne, *préface* ; — liv. I, ch. III ; — III, ch. II.

et Gabrielle. On y joua Sully; on le montra sous les traits d'un *sauvage* qui voulait briser l'*arc et les flèches de l'Amour*. On y fit franchement l'apologie de l'*infidélité*; et dans le groupe dont Bassompierre faisait partie, une dame de la cour représenta Marguerite de Valois aux pieds de la favorite. La faiblesse du roi, qui laissa sous ses yeux ridiculiser le grand ministre et traîner devant le trône de sa maîtresse la reine de France, quelle qu'elle fût, forcée de s'avouer vaincue et de chanter sa honte, égale la lâcheté du poëte qui inventa la scène, et celle des courtisans qui purent en rire.

Gabrielle meurt quatre mois après. « La racine de mon amour est perdue, écrit le roi; elle ne repoussera plus [1]. » En même temps il se dérobe à son Conseil; il passe, dit-il, quinze jours à *voir les dames* chez les d'Entragues, grands calculateurs d'infamies, et écrit ensuite au chancelier de France qu'il a érigé en marquisat la terre de Verneuil, en faveur de *Henriette d'Entragues;* puis au connétable, pour lui rappeler une petite chienne destinée à la jeune marquise; puis au *sauvage*, de tenir dans huit jours à sa disposition cinquante mille écus, promis au père de la demoiselle.

En même temps encore, le divorce de Marguerite de Valois est prononcé. Henri IV épouse Marie de Médicis, qui met au monde un dauphin le 27 septembre 1601; et, un mois après, la marquise accouche du duc de Verneuil, auquel le roi donne son nom !

« Vous serez la seule qui possédera mon cœur, » lui écrit Henri IV. Mais ce n'était pas assez pour l'ambitieuse marquise : elle veut que son fils règne. Le sang de Biron ne l'arrête pas; elle conspire avec Chanvalon, fils naturel de la reine divorcée; avec son père, mari de l'ancienne maîtresse de Charles IX; avec le comte d'Auvergne, son demi-frère, fils naturel de ce roi et de Marie Touchet, mère de la perfide marquise.

La faveur passe aussitôt à la comtesse de Morel, qui devient mère d'Antoine de Bourbon. Mais déjà la marquise de Verneuil, la *fée,* comme l'appelait sa fille, est rentrée en grâce. Le roi couvre de son sceptre cette femme artificieuse et criminelle : « Je te jure, lui écrit-il, que le reste du monde ne m'est rien près de toi [2], » ce qui ne l'empêche pas d'obséder mademoiselle de Montmorency, qui venait d'épouser le jeune prince de Condé. Pour sauver leur honneur, ils furent obligés de passer les frontières et de rester loin de la France jusqu'à la mort du roi.

La lèpre s'était étendue sur tout le corps social. « De mon temps,

---

[1] Henri IV, *Correspondance.*

[2] *Corresp.*, juillet; 10 décembre 1600; puis, avant et après cette époque, nombreuses révélations. — Héroard, *Journal*, janvier 20, mars 26, juillet 14, etc... — *Ibid.*, décembre 1604, 4 janvier 1605, 17 septembre, etc...

dit Montaigne, le plaisir d'en conter n'étoit permis qu'à ceux qui avoient des amis discrets. Aujourd'hui, ces vanteries sont les entretiens *ordinaires* des assemblées et des tables[1]. »

XVIII

La religion était impuissante devant ce débordement. On s'arrêtait à l'écorce. Le roi fait venir à Saint-Germain la chapelle de son fils ; il rappelle les jésuites ; il assiste aux sermons du P. Coton ; il y mène sa sœur pour la convertir ; il touche des milliers de malades, lave les pieds aux pauvres et fait maigre les vendredis. Il a son confesseur, et en use ; il se frappe la poitrine au *Domine non sum dignus* et communie. Il envoie au pape une dépêche pleine d'onction et de saintes pensées[2], et *le même jour* il écrit à la marquise « de ne pas s'embarquer au jubilé, » attendu qu'il la verra le lendemain. A cette époque, qu'on a décorée du nom de *Renaissance*, il y avait dans les mœurs, comme dans la littérature et les arts, un inconcevable mélange de sacré et de profane ; on rencontrait dans le même homme le curé de Meudon et l'auteur de *Pantagruel*.

Henri IV avait beau dire au Souverain Pontife : « Nous reconnaissons que la bonne éducation de notre fils importe au salut de l'Église et à ce royaume en particulier. Nous aurons soin de le faire élever dans la crainte de Dieu, afin que, venant un jour à succéder à cette couronne, il soit imitateur des vertus de ses prédécesseurs, les rois très-chrétiens[3]. » Il y avait quelque chose de plus fort que le roi : son exemple et le siècle. Tout le seizième avait fait invasion au château de Saint-Germain, où l'héritier présomptif était élevé ; et l'on ne fit rien, ou l'on ne put rien faire pour le purifier.

Il y régnait une liberté de pensées et d'actions[4] sans bornes et sans contrôle ; les propositions graveleuses, les paradoxes burlesques, des obscénités grossières, n'étaient que les *discours facétieux et récréatifs* dont s'amusaient les courtisans du roi futur, et dont on l'amusait lui-même. On lui montre une statue d'Hercule, et on l'interroge pour savoir s'il connaît le nom de tous les membres, sans exception. On lui demande comment on distingue un garçon d'une fille, — s'il est amoureux, — qui est sa maîtresse, — avec quelle demoiselle il veut

---

[1] Montaigne, III, v.
[2] Henri, *Corresp.*, 1601, octobre 15 et 19.
[3] *Ibid.*, 1602, mars 26 et 30.
[4] *Ibid.*, 1606, novembre 14.

coucher... Madame de Vitry, avec son chapelet de corail à tête de mort, se met quelquefois de la partie; M. de Praslin s'y amuse; madame de Montglat s'avise elle-même de le questionner sur les lunes de miel[1]. On l'entraîne dans des branles en lui faisant chanter :

> Bourbon l'a tant aimée
> Qu'à la fin...

Henri IV se distingue entre tous. Il lui montre la comtesse de Moret, en disant : « Voyez-vous cette belle dame? Je lui ai fait un enfant; vous l'appellerez votre frère[2]. » L'ordre était une inspiration de cette femme, dont le fils n'était point aimé du prince; mais le roi n'aurait-il pas dû au moins supprimer les préliminaires?

Les actes étaient au niveau des paroles. Le roi dînait au château avec MM. de Souvré, Zamet, de Termes et de Liancourt. Au dessert, il prit son fils et leur fit rendre hommage au dauphin, en leur offrant à baiser à tour de rôle la *guillery* de son fils (on trouvera la signification de ce mot dans le *Dictionnaire de Trévoux*[3]). Madame de Verneuil n'attendait pas l'invitation, elle allait droit au but. C'était à qui mettrait la main sous la cotte[4].

On se plaisait, ce semble, à souiller l'imagination de cet enfant. Les actes qu'on se permettait étaient souvent d'un cynisme qui n'a pas de nom. Une de ses femmes de chambre, mademoiselle Mercier, dont le lit était près de celui du Dauphin, s'y livre nue à une gymnastique inouïe et prolongée, pour le plaisir et l'édification du prince[5].

Les complaisances de la Mercier n'étaient point des exceptions. Mesdemoiselles Le Cœur, Bethouset, Marthe, mademoiselle de Ventelet, plusieurs autres, hommes et femmes, ne négligeaient rien pour donner au fils du roi les *connaissances* les plus étendues. La page la plus impure de Rabelais, celle où il trace l'éducation de son plus haut personnage, n'est pas, comme nous avons dû le croire longtemps, la débauche d'un esprit en délire[6]; à cent ans de distance, on

---

[1] Héroard, *Journal*, 1605, janvier 5; juin 1er; juillet 25; septembre 17; octobre 16; novembre 30. — 1605, mars 2. (Voy. même année, 11 juin, quelque chose de plus remarquable.) — 1606, février 15 et juillet 21. — 1608, janvier 5 et *passim*.

[2] *Ibid.*, 1608, mai 2.

[3] *Ibid.*, 5 novembre 1602. Voir, dans le *Dict.* de Trévoux, la signification de ce mot. Le 23 septembre 1602, dit Héroard, l'enfant, âgé d'un an, « fait baiser à chacun sa guillery. » Le 30, M. de Bonières et sa fille viennent le voir; il se retrousse et la leur montre, etc...

[4] *Ibid.*, 1603, avril 3.

[5] *Ibid.*, 1606, mai 7.

[6] Rabelais, *Gargantua*, I, 11.

en trouve, dans l'enceinte du château de Louis XIII enfant, la maté-
rielle reproduction.

XIX

Le Dauphin fit à cette école des progrès effrayants. Ses pensées et
ses paroles étaient l'image de tout ce qu'il entendait et voyait. Son
esprit, sans cesse appelé vers les choses basses, y avait contracté de
bonne heure les façons érotiques de la taverne. A quatre ans, il chante
à sa nourrice, en s'éveillant :

> Ah! baise-moi, ma belle,
> Pendant qu'avons loisir, etc. [1].

Une autre fois il commente la chanson en termes moins français :

> Bonjour, ma g...,
> Ma g..., baise-moi.

Dondon se fâche : « Pourquoi m'appeler ainsi? — C'est parce que
vous êtes couchée avec moi. » Mademoiselle Lecœur prend part au
colloque : « Monsieur, vous savez donc ce que cela veut dire? — Oui,
répond l'enfant, on appelle ainsi les femmes qui couchent avec les
hommes [2]. »

Il chante aux oreilles de madame de Montglat, près de laquelle il
couchait :

> La Castaigne et la Merlu,
> Combien de cornes portes-tu?

En même temps il frappe sur la tête de sa gouvernante, en ajoutant :
« Voici la tête aux cornes! »

La princesse de Conti lui dit un jour en plaisantant : « Monsieur,
je veux que vous m'appeliez *madame*. » Cette prétention irrite le Dauphin, qui lui répond : « Je ne veux pas. — Je vous appellerai donc
griffon. — Je vous appellerai chienne. — Je vous dirai, moi, petit
renard. — Je vous dirai, moi, grosse bête, » réplique l'enfant, dont
la colère redouble. Il monte sur un siége, met la main sur la tête de
la princesse en faisant des cornes, et lui dit d'un ton résolu : « Voici
les armoiries que je vous ferai porter. — Monsieur, répond-elle fièrement, ce ne sera pas vous. » A ces mots, dit Héroard, monsieur se
trouva un peu hors de train [3].

[1] Héroard, *Journal*, 1605, janvier 20.
[2] *Ibid.*, 1605, janvier 20; août 14.
[3] *Ibid.*, 1606, février 16; 1607, avril 24.

M. de Saint-Remi, conseiller au Parlement, disait un jour à madame de Montglat qu'il avait rompu le mariage de M. de Moret. « Savez-vous pourquoi? dit le Dauphin, qui avait toujours l'oreille tendue. — Pour nouer l'aiguillette, répond le magistrat. — C'est pas ça, dit l'enfant; c'est pour le *châtrer*. » Il savait à six ans que madame de Moret était une des maîtresses de son père[1].

Il connaissait depuis longtemps déjà la valeur de cette expression. Il entendait sans cesse parler de la conspiration qui avait pour but de faire passer la couronne sur la tête de M. de Verneuil, fils légitimé d'une autre maîtresse du roi. Le jeune Louis se mit à dire : « Je souis moncheu Dauphin; je sais bien ce que je ferai à Verneuil. » Il refuse de s'expliquer; on le presse, et finit par dire : « Je le châtrerai, entendez-vous? » Et il entre dans les détails de l'opération[2].

La répulsion qu'il avait pour les maîtresses du roi n'était pas précisément l'inspiration d'un cœur honnête; il était jaloux de ses frères naturels et craignait déjà leur influence. Il parle sans cesse, lui aussi, de ses maîtresses. C'est mademoiselle de Montmorency : il ne veut recevoir sa coupe que de ses mains[3]; c'est la nourrice de la petite Madame, sa sœur; il chante sans cesse, sur l'air de *Gaudinette*: « *La nourrice que j'aime tant.* » Il se lève de bonne heure pour la surprendre au lit; il la découvre, la baise sur le front, sur les yeux, sur la bouche, en lui disant : « Je vous baiserai toujours; » et cette étrange obsession d'un enfant de cinq ans dure trois mois entiers[4]. C'est la petite Ponjas; il ne veut pas se coucher sans la voir[5]. A six ans, c'est mademoiselle de Vendôme; il la poursuit, l'embrasse, et par jalousie l'empêche d'aller chez M. de Dunes : « il renvoie le carrosse qui devait l'y conduire. Pour mieux s'assurer d'elle, il la garde dans sa chambre, où il reste pour l'amuser[6]. » A huit ans, c'est la princesse de Condé; il prend la plume pour lui faire une déclaration galante[7]. A neuf, c'est mademoiselle de Fontebon; il lui porte des fleurs, il s'attache à ses pas, il la saisit, la renverse et la baise[8].

Mais la maîtresse qu'il semblait plus particulièrement rechercher était mademoiselle de Vitry, petite-fille de madame de Montglat, la fille de son enseigne, de celui qui se chargera de tuer le maréchal d'Ancre. Dès 1605, elle est sa *lionne*[9]. Le 30 décembre de la même

[1] Héroard, *Journal*, 1607, novembre 2.
[2] *Ibid.*, 1605, février 17.
[3] *Ibid.*, 1605, juillet 11.
[4] *Ibid.*, 1606, mai 14, 15, 27, 28; juin 5, 6, 7, 8; juillet 13.
[5] *Ibid.*, 1606, novembre 30; décembre 1er.
[6] *Ibid.*, 1607, juillet 26; juin 15.
[7] *Ibid.*, 1609, octobre 29.
[8] *Ibid.*, 1610, mars 7.
[9] *Ibid.*, 1605, novembre 14

année, il se passe entre lui et elle une petite scène qu'on aimerait, si
elle n'était pas précédée et suivie de polissonneries[1] qui lui ôtent son
charme. Il veut que sa petite maîtresse fasse l'accouchée. Mademoiselle de Vitry, qui était à peu près de son âge, se prête au jeu. Le ga-
lant la couche, la baise, la couvre de son mieux, s'assied à sa droite
et l'entretient de gentils propos. Puis il fait venir Indret, l'un de ses
musiciens : « Apportez votre luth, lui dit-il; amusons l'accouchée. »
Il se tourne alors vers mademoiselle de Vitry et lui demande d'un
ton caressant : « Vous plaît-il, madame, qu'il joue : Où êtes-vous allées, mes belles amourettes? » L'accouchée fait un signe d'approbation, et le prince se met à chanter des couplets que le luth accompagne. La chansonnette finie, l'amoureux demande à sa maîtresse ce
qu'elle désire.

En revenant de la Saint-Nicolas...

répond mademoiselle de Vitry. Et la voix de son *lion* se mêle de nouveau aux accords d'Indret. « Maintenant, madame, vous plaît-il que
je danse? — Oui, dit-elle, je veux la gaillarde. » La gaillarde dansée
est suivie de la bergamasque et de la bourrée. Mais la belle oublie
tout à coup son rôle passif, saute de son lit sur le parquet, et la petite fille entraîne son prince dans un branle désordonné.

Réflexion faite, mademoiselle de Vitry revient à son rôle d'accouchée; elle veut se remettre au lit. Le Dauphin s'empresse d'en répa-
rer le désordre; il en secoue les draps, il les arrange de son mieux,
il donne le bras à l'intéressante malade, il l'aide à monter sur sa couche et à s'y placer. Il construit un pavillon sur la tête chérie de sa
femme et l'entoure de soins.

Cette petite comédie ne finit qu'à neuf heures du soir, quand on
avertit le prince que l'heure de se coucher était venue. Il embrasse
tendrement sa maîtresse, se retire dans sa chambre et prie Dieu. Héroard lui raconte l'histoire d'*Andromède*, dont Francini faisait alors
la grotte au Château-Neuf, et Indret endort l'enfant au son du luth[2].

Son attachement pour mademoiselle de Vitry résistait à toutes les
distractions que les dames lui donnaient. Il les recherche, il joue avec
elles, il se jette avec rage dans leurs danses, il leur chante des couplets rabelaisiens, et se sauve en riant aux éclats[3]. Mais mademoiselle de Vitry l'attire plus que personne. Le 24 mai 1606, on dit à l'o-
reille du Dauphin que *sa mie* est au lit — ce jeu amusait la cour; —
il se hâte d'aller la voir. Une autre fois, il la met dans son petit carrosse et le fait traîner par deux de ses pages...

[1] Héroard, *Journal*, 1605, sept. 15. — 1606, mai 7; juillet 21 et *passim*.
[2] *Ibid.*, 1605, décembre 30; 1608, septembre 13; 1609, juillet 20.
[3] *Ibid.*, 1607, août 19.

On était au cœur du *grand hiver*. Il y avait, depuis cinq semaines, de quatre à cinq pieds de neige ; la Seine était gelée, et l'on voyait, des terrasses de Saint-Germain, hommes et chevaux la traverser. L'encre gelait dans la plume ; les verres à boire s'attachaient à leurs soucoupes. Plusieurs personnes moururent de froid. Le feu qu'on faisait au château pour s'en garantir était prodigieux ; Héroard, qui s'y trouvait, dit que vingt-deux vases d'argent fondirent devant le foyer de la cuisine. Le 26 janvier, de Verneuil, que l'hiver n'atteignait pas, se mit à dire au Dauphin : « Mon maître, embrassons les filles. » La nuit porta conseil ; le jour venu, ce *maître* de sept ans déclara son bon plaisir : « Moi, s'écrie-t-il, j'en veux toujours à ma *mie* de Vitry. Ma sœur, amenez-la-moi. » Il s'était placé dans la ruelle qui séparait le lit de sa nourrice de celui de madame de Montglat. — « Elle est plus forte que moi, » lui répondit Madame, qui s'efforçait de l'entraîner. Héroard offrit son aide : « Non, dit le prince ; attendez à demain. Féfé Verneuil y sera ; nous serons deux, et nous les baiserons. » Le lendemain, le Dauphin est de mauvaise humeur ; il va, vient, s'agite, se fâche à tout propos. On le mène à la messe, où la pensée de sa *mie* l'accompagne. Il prend le goupillon, donne de l'eau bénite à droite, à gauche, et se met à poursuivre mademoiselle de Vitry, en disant à voix haute : « C'est à elle que j'en veux, et que j'en veux donner [1]. »

Il avait les transports de la jalousie. Après la messe, sa nourrice se mit à danser avec mademoiselle de Vitry. « Elle danse sans moi ! s'écrie le prince. Dondon, je vous battrai ! » Le jeu continue ; l'amoureux n'y tient plus ; il se jette sur sa nourrice et l'accable de coups de pieds et de poings [2].

Le jour suivant, madame de Montglat, inquiète, fait réciter au Dauphin un passage du petit catéchisme que le P. Coton lui avait composé. A la demande : *Qui sont vos ennemis?* il y avait pour réponse : *La chair.* « La chair? dit l'enfant. — Oui, monsieur. — Ma chair à moi? continua-t-il en se tâtant. — Oui, certainement, dit madame de Montglat. — Dans ce cas, je la tuerai. »

La gouvernante dut être satisfaite ; mais le siècle, qui entraîne les hommes, n'ébranlerait-il pas des enfants? Une heure s'était à peine écoulée, que l'élève se glissait sous un lit pour aller surprendre et baiser sa maîtresse [3].

Le 5 février, il trouve du plaisir à la faire danser au son de sa *pochette ;* mais le 14, il va chez mademoiselle de Vendôme, où se trou

[1] Héroard, *Journal*, 1608, janvier 27 et 28.
[2] *Ibid.*
[3] *Ibid.*, janvier 29.

vait de Verneuil, qui refit au Dauphin la proposition du 26 janvier.
Aussitôt les deux effrontés courent à l'assaut; les filles prennent la
fuite, et finissent par être arrêtées. Madame Héroard intervient et
veut séparer les combattants : « Non, non, mon maître, ne l'écoutez
pas, » s'écrie le fils de madame de Verneuil, âgé de sept ans, et évêque désigné de Metz. — Quoi! dit alors mademoiselle d'Agre, gouvernante de mademoiselle de Vendôme, vous qui êtes cardinal! Il
vous faudra aller à Rome demander pardon au pape. — Eh! certainement, réplique Verneuil; ensuite mon maître en épousera une, et
j'aurai l'autre. » Le lendemain de cette mêlée, le 12 février 1608, une
députation du chapitre de Metz apportait à ce très-singulier petit prélat de *très-respectueuses* salutations[1].

Le 21, le Dauphin figura avec mademoiselle de Vitry dans le fameux *ballet des Falots*, qui fit pleurer de joie Henri IV. Mais madame
de Montglat vit sans doute qu'il était convenable d'éloigner du prince
l'objet de tant d'extravagances. Le 22 mars, madame de Saint-Geor-
ges vient avec mademoiselle de Vitry prendre congé du Dauphin. Il
regarde en souriant la jeune fille, rougit et reste immobile. On lui
dit d'embrasser sa petite amie; il hésite, puis il lui présente lentement la joue, en enfant boudeur, et se retire un peu. Mais il revient
tout à coup, se jette sur elle comme un fou, l'embrasse et lui porte
sa main sur la poitrine[2]. Ce fut la fin du petit roman. Le Dauphin et
sa maîtresse avaient chacun sept ans à peine.

Le lecteur curieux de savoir jusqu'où s'étendaient les hardiesses
et les connaissances de cet enfant, trouvera dans le *Journal* des documents qui l'étonneront[3]. Notre réserve se comprendra; Héroard,
qu'on n'accusera pas de pruderie, s'arrête quelquefois lui-même. Le
12 février 1607, le prince, qui avait alors six ans, s'éveille à minuit
et se fait porter dans le lit de madame de Montglat, qui le place entre elle et son mari.

Or le docteur, à qui l'on ne cachait rien, n'a pas osé se dire à lui-
même dans son *Journal* ce qui se passa; mais il a écrit en marge
deux mots latins : *Insignis impudentia*[4]. Voilà l'effet de l'exemple.
Cependant l'antiquité païenne elle-même avait dit : *Maxima debetur
puero reverentia.*

---

[1] Héroard, *Journal*, 1608, février 11 et 12.

[2] *Ibid.*, 1608, février 21; mars 22.

[3] *Ibid.*, 1605, février 14; avril 4; juin 5 et 11; décembre 14. — 1606, mai 7;
juillet 21. — 1608, juillet 9. — 1609, mars 2. — 1610, avril..., *passim*.

[4] *Ibid.*, 1607, février 12.

XX

On croit assez généralement qu'il ne fut question de marier Louis XIII avec Anne d'Autriche qu'après la mort de Henri IV. C'est là une erreur qui se trouve réfutée à chaque pas dans le *Journal* d'Héroard, et de la manière la plus étrange. Le 11 septembre 1602, mademoiselle de Ventelet s'amuse à faire des contes au Dauphin, qui n'avait qu'un an, et lui dit, entre autres choses, qu'il couchera avec l'Infante. Le 12 décembre, Héroard lui demande où est le mignon de l'Infante... Quelques jours auparavant, un vieil Espagnol, qui était venu le voir, lui avait donné sa bénédiction en pleurant de joie, à la pensée du mariage de l'Infante. Le 5 août 1604, une fille de Gabrielle d'Estrées, mademoiselle de Vendôme, un peu plus âgée que le Dauphin, lui demande un soir s'il veut qu'elle couche avec lui : « Oh ! non, répond brusquement le prince, vous n'êtes pas l'Infante. »

Ces discours de valets et d'enfants étaient l'écho des bruits publics, voire des paroles indiscrètes du roi. En 1605, le 11 juin, le prince, âgé de quatre ans, était allé au Château-Neuf voir le roi, que la goutte retenait au lit. Il le fait mettre à nu près de lui : « Mon fils, lui répète-t-il, où est le *paquet* de l'Infante? » Il répond sans vergogne, et peut-être avec plus d'assurance qu'on ne s'y attendait. Henri IV lui avait dit crûment, le 2 mars de la même année : « Je veux, mon fils, que vous fassiez à l'Infante un petit Dauphin comme vous [1]. »

Dès 1605, le fils du duc de Medina-Cœli, don Sanche de la Serta, maître d'hôtel du roi d'Espagne, vint voir le Dauphin, de la part de son maître, avec Hieronimo Taxis, ambassadeur ordinaire d'Espagne. Ils baisent la main du prince, qui s'écrie : « Je bois à l'Infante! — Voilà son serviteur futur, dit M. de Souvré à Hieronimo. — En vérité, répondit l'ambassadeur, à en juger selon le cours du monde, ils sont nés l'un pour l'autre [2]. » Deux mois après, le connétable de Castille arrive à Saint-Germain, et dit au Dauphin « qu'il avait commandement exprès du roi son maître de le venir voir de sa part, et de lui en faire savoir des nouvelles fort particulièrement. » L'Espagnol qui accompagnait le connétable, obligé de passer devant le prince, se tourne de son côté et fait le signe de croix [3]. Sully apporte

---

[1] Héroard, *Journal*, 1602, septembre 11 et 27; décembre 12. — 1604, août 5. — 1605, mars 2.

[2] *Ibid.*, 1605, octobre 2.

[3] *Ibid.*, 1605, décembre 19.

à l'enfant un petit carrosse dans lequel était une belle demoiselle espagnole. « Papa, écrit-il à Henri IV, moncheu de 'Ony m'a anvoié un beau caoche où è ma maitesse l'Infante[1]... » A la ville et aux champs, comme à la cour, les aspirations étaient les mêmes; peuples et roi étaient fatigués de la guerre.

Mais pendant que Henri IV négocie loyalement, les envoyés du roi d'Espagne, qui baisaient la main du Dauphin et l'entretenaient des désirs de l'Infante, prenaient secrètement des dispositions pour s'emparer de la plus importante place du midi de la France. « J'ai découvert, dit Henri IV, une autre menée que font ici l'ambassadeur d'Espagne et un gentilhomme de Provence[2] pour s'emparer de Marseille. Le secrétaire de cet ambassadeur a été surpris négociant ce traité, et a été trouvé sur lui un écrit chiffré, de sa main, contenant des offres pour faire cette trahison. Les ministres du roy d'Espagne ne se corrigeront donc jamais[3]? »

Cette découverte arrêta le cours de négociations matrimoniales qui n'étaient qu'un leurre, partant, les épanchements du Dauphin. Le 27 mai 1606, on lui demande « si l'Infante est sa maîtresse. » Il répond sèchement : Non. L'année suivante, la princesse d'Orange veut savoir s'il désire avoir pour beau-frère le prince d'Espagne ou le prince de Galles, fils d'Angleterre. Le Dauphin répond soudain : « Le prince de Galles. — Cependant, continue-t-elle, vous épouserez l'Infante? — Je n'en veux point. — Mais elle vous fera roi d'Espagne. — Non; je ne veux pas être Espagnol. » — « Rien, ajoute Héroard, ne put le décider à être roi d'Espagne[4]. » Il trouve sur les bords de la Seine, qui coule au pied du Château-Neuf de Saint-Germain, un groupe de marguerites rouges; il les fait arracher, « pour ce que les Espagnols en portent. » M. de Lorraine lui donne un mousquet avec sa fourchette, ornée d'un Dauphin : « Patapoue! s'écrie-t-il, j'ai tué un Espagnol qui voulait manger les raisins et entrer dans la maison. » Il se fait une égratignure; on lui demande qui l'a blessé : « Un Espagnol, répond-il; je lui donnerai un coup d'épée dans le ventre. » M. de Guise vient le voir et lui dit qu'il y a en Espagne un petit Dauphin : « Je lui couperai la tête, répond l'enfant, et la jetterai dans les fossés. » — « Je sais bien, disait-il encore, que ces Espagnols détestent papa; mais s'ils lui font la guerre je les tuerai tous.[5] »

---

[1] Héroard, *Journal*, 1604, mai 27. Héroard dit : « Je lui conduisais la main. » Le prince n'avait alors que trois ans et demi.

[2] Le baron de Montclar.

[3] Henri IV, *Correspondance*, 1604, juin 20, 21, 22; décembre 31. — 1605, juillet 15, 51; août 26; décembre 7.

[4] *Ibid.*, 1607, mai 15.

[5] *Ibid.*, 1605, septembre 18. — 1606, juillet 18.

Mademoiselle de Ventelet, la plus curieuse et la plus hardie des femmes du château, essaye de vaincre ses résistances : « Monsieur, lui dit-elle, n'aimez-vous pas les Espagnols? — Non. — Pourquoi, monsieur? — Pour ce qu'ils sont ennemis de papa. — Aimez-vous bien l'Infante? — Non. — Pourquoi? — Pour l'amour qu'elle est Espagnole, je n'en veux pas. »

Le docteur, qui était présent lui dit : « Mais, monsieur, elle vous fera roi d'Espagne, et vous la ferez reine de France. — Elle couchera donc avec moi. reprit l'enfant de quatre ans, et je lui ferai... » Il n'est pas possible de reproduire le reste du dialogue; les questions qu'on lui fait sur le chapitre du mariage sont aussi étonnantes que les réponses du petit prince[1].

Cependant le 29 janvier 1608 il hésite encore. Mademoiselle d'Agre lui dit : « Monsieur, voilà M. d'Orléans marié. — Non, répond le Dauphin; il est accordé. — Soit. Et vous, monsieur, ne le voulez-vous pas être? — Non. — Ne le serez-vous pas à l'Infante? — Non. »

Mademoiselle d'Agre change ses batteries : « Elle vous aime cependant bien; elle a votre portrait. — Qui le lui a envoyé? — M. de Barreau, ambassadeur pour le roi, le lui a donné. Mais dites-moi, sans rire, ne l'aimez-vous pas? » Il répond, en faisant le petit bec : Non. Puis, s'approchant, lui dit bas à l'oreille : « Je l'aime un petit... Quel âge a-t-elle? Est-elle grande? — Je vois bien que vous l'épouserez un jour. Et les Espagnols, les aimez-vous? — Non; mais j'aime bien l'Espagnole; je la ferai chrétienne! »

Deux jours après, le 1er février, arrive à Saint-Germain un gentilhomme breton venant d'Espagne. Il raconte au Dauphin les beautés de l'Infante, l'amour qu'elle avait pour lui, et la défense que le roi d'Espagne, son père, lui avait faite de dire qu'elle aimait le Dauphin. « Le roi d'Espagne, s'écrie l'amoureux de sept ans, je le battrai! — Mais on assure que la princesse se déguisera pour venir vous voir. Si elle était à Paris, que feriez-vous? — Un lit grand jusqu'au Louvre, et j'irais entre deux draps la prendre. — Avec de la bougie, sans doute? — Non, non; je n'ai pas peur. »

Pendant que les diplomates passent et repassent les Pyrénées, on fait danser devant un jésuite espagnol le prétendant à la main de l'Infante, et on l'oblige à lui envoyer son baise-main, avec un spécimen de son écriture. Il écrivit ces mots : « *Le sage escoute le conseil qu'on lui donne.* » Il fallait pouvoir dire à la cour d'Espagne : J'ai vu le prince; il est beau, fort, adroit, gracieux; spirituel et bien élevé. Mais l'ambassadeur n'ajouta pas sans doute que le rédacteur de la

---

[1] *Corresp.*, 1605, avril 4. (Voir 15 mars, même année.)

sentence s'était fait tirer l'oreille pour l'écrire, et qu'elle lui avait été soufflée[1].

C'est alors qu'on renvoya mademoiselle de Vitry, cause d'émotions dont la constance et la vivacité pouvaient effrayer une cour ombrageuse et entraver l'alliance franco-espagnole. Tantôt arrive don Diego d'Ivarra, tantôt don Pedro de Toledo. Le grand écuyer de l'archiduc vient à son tour lui faire les compliments de l'Infante : « Buvez à sa santé, lui dit le Dauphin ; je vais boire à ma maîtresse[2]. » Matteo Bartolini, marquis de Campiglia, grand maître de la maison de Florence, était à Madrid le 22 novembre 1609, négociant cette affaire depuis si longtemps entamée ; et les premiers jours de janvier il apportait au Louvre l'assurance du bon accueil qu'on lui avait fait en Espagne. Le jeune roi demande ce que le père de l'Infante avait dit : « Il lui a demandé, répondit-on, si elle voulait bien épouser le Dauphin de France, et elle a consenti. — Sera-t-elle reine d'Espagne ? — Oui, monsieur, si elle n'a pas de frère. — Je serai donc roi d'Espagne, et puis empereur... » Quelques jours après, il priait l'ambassadeur Alfonso Taxis de lui envoyer le portrait de sa maîtresse. Il essaye même de faire des vers amoureux, que des Yveteaux, son précepteur, corrige et amplifie[3]. Enfin, le 5 janvier 1610, le jour des Rois, quatre mois avant l'assassinat de Henri IV, l'ambassadeur d'Espagne vint voir le jeune prince de la part de Philippe III, son maître. Le Dauphin lui récita ce qu'on lui avait appris : « Je remercie bien humblement le roi d'Espagne, mon oncle, de la souvenance qu'il a de moi. Je vous prie de l'assurer de mon affection à son service, et en particulier de mon amitié et bonne volonté[4]. » Le 12, don Philippe, marquis de Guadaletta, ambassadeur d'Espagne, visita le Dauphin avant de repasser les Pyrénées, et lui demanda s'il trouvait l'Infante jolie. « Oui, répondit le Dauphin. — Vous plaît-il que je vous envoie son portrait ? — Bien certainement. — Elle a une figure espagnole. — Et moi, répliqua le prétendant, qui allait atteindre sa neuvième année, j'ai le cœur français[5]. » On l'entendait dire quelquefois : « Je n'aime pas les Espagnols ; mais l'Infante est ma femme[6]. » Il est donc certain que Henri IV voulut ce mariage dès la naissance de son fils, et que ce projet allait se réaliser quand le poignard de Ravaillac frappa le roi.

---

[1] Héroard, 1608, février 21.
[2] Ibid., 1608, juin 23 ; juillet 19 et 20 ; août 29.
[3] Ibid., 1609, juillet 12.
[4] Ibid., 1610, janvier 5.
[5] Ibid., 1610, janvier 12.
[6] Ibid., 1605, octobre 15, 20, 25.

XXI

« Ah! dit le Dauphin à cette nouvelle, si j'avois été là avec mon épée, je l'aurois tué[1]! » Le lendemain, Louis XIII monta à cheval, *facie serena*, dit Héroard[2]; il se rendit par le Pont-Neuf aux Augustins, où le Parlement s'était assemblé, et lut avec gravité les paroles qu'on lui avait tracées : « Messieurs, il a plu à Dieu appeler à soi notre bon roi, mon seigneur et père. Je suis demeuré votre roi, comme son fils, par les lois du royaume. J'espère que Dieu me fera la grâce d'imiter ses vertus et de suivre les bons conseils de mes bons serviteurs, ainsi que vous dira M. le chancelier. » Sa Majesté pesait alors cinquante-trois livres. Quelques jours après la mort de son père, elle avait eu à Chaillot la fantaisie de se mettre dans des balances[3].

Depuis l'assassinat qui lui avait enlevé son père, le jeune roi avait plus que jamais peur des vivants et des morts. Il ordonne à deux valets de se tenir près de son lit pendant son sommeil, « à cause des esprits. » Il veut coucher avec le maréchal de Souvré, son gouverneur, « pour ce qu'il lui venoit des songes. » Il fait mettre ses gardes aux côtés de son *caosse*, quand il sort. Le 25 mai, il n'ose pas mettre le pied dehors, « sur des avis qu'on avoit donnés que ce jour étoit périlleux pour lui[4]. »

Ses appréhensions n'étaient pas tout à fait chimériques; le 27 juillet, on arrête un soldat aux gardes qui avait dit, en montrant le roi et deux couteaux : « Je voudroys que l'un d'eux fût dans le cœur du dernier de la race[5]. » L'année suivante, après le sacre, les craintes sont aussi vives. Le jour de la Pentecôte, au Louvre, pendant que le jeune Louis touchait les douze cents malades qui s'y étaient réunis, M. de Vouzay se tenait près du roi, l'œil fixé sur les plus proches de ces malheureux, parmi lesquels on craignait qu'un assassin ne se fût caché. Les précautions avaient été encore plus strictement prises la dernière fois que cette cérémonie avait eu lieu : des archers tenaient prisonniers les malades que devait toucher le roi[6]. »

Les réformés étaient mécontents du renvoi de Sully, et Condé ren-

[1] Héroard, *Journal*, 1610, mai 15.
[2] *Ibid.*, 1610, mai 14.
[3] *Ibid.*, 1610, juin 22.
[4] *Ibid.*, 1610, mai 14, 16, 25. — 1611, mai 12; juin 10.
[5] *Ibid.*, 1610, juillet 27. (Voir aussi Lestoile.)
[6] Malherbe, mai 22. — Héroard, 1611, juin 22.

trait en France avec sa femme, le cœur ulcéré. Marie de Médicis,
qui savait leurs justes ressentiments, redoutait leur influence et cherchait vainement à se les attacher. César de Vendôme, fils légitimé de
Gabrielle, n'avait pas de sympathie pour le roi ; il donnait la main
au prince de Condé. Une opposition puissante se formait, dans laquelle on distinguait les ducs de Guise, de Longueville, de Nevers,
de Rohan, de la Trémouille, de Luxembourg, de Mayenne, fils du
grand ligueur. Ils avaient à leur tête le maréchal de Bouillon, ancien
complice de Biron, de l'Espagne, du comte d'Auvergne, et il y avait
dans la populace des instincts farouches que les guerres et les souffrances du seizième siècle avaient surexcités. Le roi était un enfant,
les rênes flottaient dans les mains d'une femme, et le grand ministre
qui avait les traditions du grand roi n'était plus en crédit. L'anar-
chie, étouffée par Henri IV, allait-elle renaître, le démembrement
intérieur s'accomplir, la France tomber sous le joug étranger, la force
et unité nationales, qui avaient fait tant de progrès sous le dernier
règne, se briser dans des mains inhabiles ?

Ce qu'il y avait de mieux à faire, c'était d'enlever à la hâte l'Espagne aux mécontents, en reprenant la question matrimoniale qui avait
été la constante préoccupation de Henri IV. C'est ce qui eut lieu. Dès
le 11 septembre, quatre mois après la mort de ce roi, le duc de Fé-
ria, ambassadeur extraordinaire de l'Escurial, vint faire sa révérence
à Louis XIII, « qui se surpassa, dit Héroard, en contenance et pro-
lation de paroles. » Il répéta sans hésitation ces mots : « Je remercie
le roi d'Espagne, mon frère, de la souvenance qu'il a de moi, et le
prie de s'assurer que j'aurai envers lui la même affection qu'a eue
le feu roi, mon père. » — « Les Espagnols présents, continue le docteur, furent tous en admiration, faisant des signes de croix. Deux
d'entre eux, qui estoient Navarrois, se traînèrent de bien loin vers
lui, genoux en terre, avec force révérences, et ne pouvant lâcher sa
cuisse, qu'ils tenoient embrassée[1]. » Le duc lui envoya « deux bassins pleins de petits gants d'Espagne. » En attendant la visite de
l'ambassadeur, « il se ceint de son cimetère à la turque, et se panade
en disant : « Je veux l'avoir ainsi quand l'envoyé d'Espagne me vien-
« dra voir. » Il voulait se montrer au représentant de l'Infante sous
les traits d'un chevalier valeureux. La mort de Henri IV n'avait rien
changé dans les relations des deux cours.

Enfin, au mois de novembre 1611, Marie de Médicis dit à son fils,
âgé de dix ans : « Mon fils, je veux vous marier. Aimez-vous mieux
l'Angleterre ou l'Espagne ? » L'enfant sourit et ne dit mot ; mais un

---

[1] Héroard, 1610, septembre 11.

moment après il s'écrie, en parlant à Auger : « Espagne, Espagne ! »
pour ce qu'il y pense plus de grandeur [1].

La *grandeur* en effet avait pour lui plus d'attraits que la belle Infante. Son précepteur « lui montre la carte d'Espagne et les avenues
des frontières, » en lui disant que la France était plus riche, plus
belle et plus grande : « C'est égal, répond le roi, je voudrois que l'Espagne m'appartînt. » Il trouve sur la table de l'étude les *Emblèmes d'Ho-
race*, imprimés à Anvers en 1607, avec l'approbation du pape, de l'Empereur, des rois de France, d'Espagne, et de plusieurs autres souve-
rains. Il prend une plume sans mot dire, et supprime d'un trait le
roi d'Espagne [2] et les Pyrénées. La France, dans sa pensée, devait s'é-
tendre jusqu'au détroit de Gibraltar.

Marie de Médicis renouvelle bientôt la question à laquelle son fils
avait souri : « Je veux vous marier, mon fils ; le voulez-vous ? » Cette
fois, il répond sans broncher : « Je le veux bien, madame. — Mais,
ajoute sa mère, vous ne sauriez faire des enfants. — Excusez-moi,
madame. — Comment le savez-vous ? » Il aurait pu faire bien des révélations ; il trouva plus simple de s'autoriser de son gouverneur :
« M. de Souvré me l'a apprins [3]. » Ce qu'il y avait de vrai, c'est que
le maréchal lui avait annoncé que le matin son mariage avec l'Infante
avait été résolu au Conseil.

La joie du petit roi fut extrême. Le lendemain, en se levant, il se
mit à faire des vers :

> C'est aujourd'hui venrdi,
> Dont je n' suis pas marri,
> Car je mangrai du ris
> En la vill' de Paris.
> J'ai vu un grenouillon
> Qui aiguisait un jonc
> Pour se faire un bâton [4]...

Après ce chef-d'œuvre, sa muse s'arrête, mais son ravissement persiste. Il va chez sa mère, « il se joue à faire de ses petits gentilshommes des ambassadeurs venus de divers royaumes, même des *Topi-
nambours*, pour le féliciter de son mariage avec l'Infante. » Le soir,
on parlait de courir la bague, et les flatteurs disaient que les Gascons
la couraient dans le ventre de leur mère : « Oui, s'écrie fièrement le
fils du Navarrois, ils naissent la lance au poing [5]. »

---

[1] Héroard, 1611, novembre 19.
[2] *Ibid.*, 1610, septembre 30.
[3] *Ibid.*, 1612, janvier 26.
[4] *Ibid.*, 1612, janvier 27.
[5] *Ibid.*, 1612, février 17.

La nouvelle de la conclusion du mariage se répandit aussitôt. Dans sa dépêche au cardinal Borghèse, le 51 janvier, quatre jours après l'interrogatoire de Marie de Médicis, le nonce Ubaldini fit connaître à Rome cette importante résolution, ce qui est plus curieux, en termes qui ne sont pas sans rapports avec ceux qu'on vient de lire : « Bien qu'il n'y ait encore aucune écriture signée, dit le prélat, les ministres parlent de cette alliance comme d'une chose résolue. Grande est la joie de la mère, de voir le jeune roi courir, sauter, dire partout qu'il est marié, et de l'entendre prier la reine de lui dire comment se font les enfants[1]. »

XXII

La proclamation de cette alliance se fit le 5 avril 1612. Les fêtes qui l'accompagnèrent ont été longuement décrites par le *Mercure de France* et Laugier[2]. Le contrat fut signé le 25 août, en présence du duc de Pastrano ; mais le mariage ne devait être célébré qu'à la majorité du roi : l'amoureux avait deux ans à attendre.

Mais le temps lui dura peu. N'avait-il pas ses soldats de plomb à ranger en bataille, ses moines de poterie auxquels il fallait tailler des capuchons, des trébuchets à tendre sur ses fenêtres en temps de neige, pour prendre les petits oiseaux ; son carrosse attelé de boucs, à promener, ses petits canons à faire rouler sur une table, la chasse, sa passion, à satisfaire? Il fait courir un marcassin aux Tuileries, pendant que son précepteur expire. La présence de son père assassiné ne lui fait pas oublier sa volerie : le 25 juin, après avoir jeté de l'eau bénite sur les dépouilles sanglantes de la victime, il court chercher sa pie-grièche pour lui faire chasser les papillons ; le 27, on le trouve à Grenelle, faisant voler ses oiseaux de proie ; et le 29, jour des funérailles, « il se joue, dit Héroard, dans le jardin des Tuileries, tirant des oiseaux avec son arbalète à jalet[3]. »

Les oiseaux étaient surtout ses délices. M. de Marcilly lui dit que personne n'avait tant aimé les oiseaux que le maréchal de Montmorency et le cardinal de Guise, qui fut tué à Blois. Le jeune roi se croit humilié : « Oh ! dit-il, je ne leur cède en rien ; je me lève à quatre heures pour les soigner. » Son sommeil même était troublé par la

[1] Biblioth. imp , mss. *Cour de France*, dépêche du 31 janvier 1612.
[2] Laugier, *Le camp de la place Royale*, ou *Relation de ce qui s'est passé pour le mariage du roi et de madame sa sœur avec l'infante et le prince d'Espagne.*
[3] Héroard, *Journal*, 1610, juin, de 25 à 29. — Bibl. imp., mss. 5818, f. 15.

pensée de ses oiseaux ; il rêve en disant : « Oh ! qu'il est beau ! qu'il est beau ! Le leurre ! le leurre ! Loïnes, Loïnes[1] ! » De Luynes était un jeune seigneur qui avait soin de ses émerillons.

Depuis son avénement et l'établissement régulier de la vénerie, les chiens et les oiseaux dominent tout. Quand on croit Sa Majesté au Louvre, elle est à la volerie au Bourget ; à la volerie à Ménilmontant, au Roule, à Vaugirard, à Montmartre, aux fossés de la porte Saint-Antoine, lançant ses oiseaux de proie sur les sarcelles, les alouettes, les cailles, les perdreaux... Il a ses émerillons dans l'expédition de Bretagne ; il les fait voler, en passant, dans les jardins de la Flèche, où le cœur de son père venait d'être déposé. Il voulait même enrichir l'aviceptologie, dresser la pie-grièche pour le vol du moineau ; le moineau pour le vol du roitelet ; le roitelet pour la mouche... « Et la mouche, lui dit Héroard, que lui ferez-vous voler ? — Le moucheron, répondit le roi. »

Quelle n'était pas sa joie quand il quittait le Louvre pour aller aux Tuileries lancer un chien sur les canes de l'étang, y pousser par ses bassets de petits loups, ou le sanglier de deux ans que M. de Guise lui avait donné ! Ce théâtre ne lui suffit plus. On le mène à vêpres à Saint-Étienne-du-Mont, il court ensuite le lièvre dans le parc de Sainte-Geneviève. Tantôt il est à la Roquette, chassant le cerf qu'il y nourrissait, tantôt à Colombes, sur son petit cheval, battant la campagne à franc-étrier.

Une chasse par jour ne lui suffit pas : il déjeune et court un marcassin au Luxembourg ; il y goûte, et à trois heures il y poursuit un lièvre. On le mène ensuite visiter la reine Marguerite, qui avait son hôtel sur les bords de la Seine, en face du Louvre, et il chasse le renard dans le parc. Il chasse le lièvre à Plaisance, le chevreuil à Vanves, le loup au bois de Boulogne, la biche à Cachon, le cerf à Saint-Germain... « Le 25 juin 1614, botté à douze heures et demie, dit Héroard, il entre en carrosse jusqu'au *laissez-courre*, guidé par le baron de Palluau, fils de M. de Frontenac, capitaine du château de Saint-Germain ; il court le cerf, sans désemparer, plus de deux heures, et il fut à la mort. Après souper, il fit la curée dans le parc, et monta ensuite triomphant sur la terrasse pour y lancer des fusées. Il avait été plus heureux le 24 août 1613 ; il tua le cerf d'un coup d'épée dans le cœur, et fit porter l'animal dans une des pièces du château, pour y faire la curée sans danger : notre fier chasseur avait *peur du serein*[2]. »

La pensée de la chasse se mêle à presque tous ses actes. Son pré-

[1] Héroard, *Journal*, 1611, novembre 28.
[2] *Ibid.*, 1613, août 24.

cepteur lui fait une démonstration, en ajoutant que ses raisons étaient justes : « Oui, dit le roi, justes comme les coups de M. de Souvré, qui donne à dix pieds du but. » Fleurance lui parlait un jour du législateur des Locriens, dont une loi condamnait les adultères à avoir les deux yeux crevés. « Son fils, dit le précepteur, enfreint la loi ; mais le peuple veut qu'on le dispense du châtiment. Le père résiste au peuple ; tout ce qu'on peut obtenir du législateur, c'est que le coupable n'aurait que l'œil droit crevé, et que lui, auteur de la loi, et obligé de la maintenir, perdrait l'œil gauche. » Ce trait, habilement lancé contre la doctrine du bon plaisir, qui se propageait, fut singulièrement accueilli : « Savez-vous, dit le roi chasseur, pourquoi le père garda l'œil gauche ? — Non, sire. — C'était, ajoute l'élève, pour mieux tirer de la harquebuse. » La leçon avait glissé comme sur du marbre.

On lui annonce la mort du chevalier de Guise ; il se contente de dire : « Je n'allois jamais à la chasse qu'il ne vînt avec moi. » L'Infante envoie à son futur des gants et des peaux parfumées : « Bon ! s'écrie-t-il, j'en ferai des colliers pour mes chiens. » La pensée n'est pas galante ; il est à croire qu'elle ne passa pas les Pyrénées.

Il n'oubliait pas ses *petites besongnes*. S'il recevait les ambassadeurs et assistait au conseil des ministres, il taillait des chausses pour son singe et y cousait des passements d'or ; il faisait des confitures et des gâteaux ; il fabriquait des canons avec des cartes et de la cire d'Espagne ; il composait des chaperons avec du cuir rouge ; il jouait à la mussette, à la paume, au piquet, au reversis, au trictrac, aux échecs, au billard, au jeu de l'oie ; il fit même des vers, par amour de la chasse, sur la mort d'un petit sanglier :

> Il y avoit en ma cuisine
> Une petite marcassine,
> Laquelle est morte de douleur
> D'avoir perdu son gouverneur[1].

Ce qui étonne, c'est de rencontrer encore Sa Majesté dans le cabinet des livres. Il est vrai qu'il n'en abusait pas, qu'il s'en moquait souvent, et que le marquis d'Ancre, qui régnait, n'était pas homme à lui conseiller l'étude. « M. Lefèvre, lui dit un jour ce ministre, M. Lefèvre, votre précepteur, est malade, et M. de Fleurance, son lieutenant, ne l'est jamais. Vous devriez lui faire prendre médecine, vos vacances seraient complètes. — Oui, répondit le roi ; mais il faudroit que ce fût quand Lefèvre est indisposé[2]. »

[1] *Ibid.*, 1614, mars 10.
[2] Héroard, *Journal*, 1612, mars 7.

XXIII

Louis XIII attendit donc ses noces sans trop penser à la princesse.
Enfin il entre dans sa quatorzième année; il est majeur. Le 1er octobre 1614, après avoir fait une visite à Haran, *gouverneur* de ses chiens,
et mangé avec lui un pâté de lièvre, il tient le Conseil et se met au
lit, où il fait vœu d'aller à Notre-Dame des Vertus, s'il peut, pour sa
majorité, prononcer au Palais, sans faire faute, le petit discours
qu'on lui avait préparé[1]. Le lendemain, il monte à cheval fort résolu, et va au Parlement se déclarer majeur. « Messieurs, dit-il, et
sans bégayer, étant parvenu en l'âge de majorité, j'ai voulu venir en
ce lieu pour vous faire entendre que, étant majeur comme je suis,
j'entends gouverner mon royaume par bon conseil, avec piété et justice. J'attends de tous mes sujets le respect et l'obéissance qui est
due à la souveraine puissance et à l'autorité royale que Dieu m'a mise
en main. Ils doivent aussi espérer de moi la protection et les grâces
qu'on peut attendre d'un bon roi, qui affectionne sur toutes choses
leur bien et repos. Vous entendrez plus amplement quelle est mon
intention par ce que vous dira M. le chancelier. »

Puis, s'adressant à sa mère :

« Je vous remercie, madame, de tant de peines prises pour moi.
Je vous prie de continuer de gouverner et de commander comme vous
avez fait par ci-devant. Je veux et j'entends que vous soyez obéie en
tout et partout, et qu'après moi, et en mon absence, vous soyez chef
de mon conseil. »

Ne croirait-on pas entendre Louis XIV? Après la séance, l'orateur
fatigué, demande son lit, s'y fait apporter ses *petits jouets*, comme
pour se récompenser d'avoir bien dit, et s'amuse à peindre sur des
fonds de boîtes de sapin. Le soir venu, il s'endort au son de la lyre,
et deux jours après, il va près de Saint-Denis, à Notre-Dame des Vertus, accomplir son vœu... en *chassant*[2].

Quelques jours plus tard, il ouvre les états généraux par une allo-
cution moins rude que la précédente, soit que la première eût produit un effet inattendu, ou qu'on ait jugé convenable de baisser
le ton devant les représentants de la France et les points noirs de
l'horizon. « Messieurs, j'ai désiré voir cette grande assemblée au
commencement de ma majorité, pour vous faire entendre l'état

---

[1] Héroard, *Journal*, 1614, octobre 1 et 2.
[2] *Ibid.*, 1614, octobre 2 et 5.

présent des affaires, pour établir un bon ordre par le moïen duquel Dieu soit servi et honoré, mon pauvre peuple soulagé, et chacun maintenu et conservé en ce qui lui appartient, sous ma protection et autorité. Je vous prie tous et vous conjure de vous employer, comme vous devez, pour une si bonne œuvre. Je vous promets saintement de faire observer tout ce qui sera résolu par cette assemblée. Vous entendrez plus amplement ma volonté par ce que vous dira M. le chancelier. »

Le soir, on endort le roi au son des *régales* [1].

Ces états furent orageux. On discuta pendant trois mois. Le roi en prononça la clôture le 23 février 1615, en quelques mots dont on lui avait fait commencer l'étude douze jours auparavant [2]. On trouve ensuite Sa Majesté faisant la culbute dans la neige, traînant sa *chalyte* à sonnettes, dans laquelle il avait fait monter le maréchal de Souvré [3], chevauchant sur un escabeau, dansant sur un pied ou attelant ses chèvres.

Tant que Louis XIII ne fut pas majeur, on contint de Luynes et les oiseaux. « Vénation est comme un simulachre de guerre; oncques n'en mentit Xénophon, escripvant estre de la vénerie comme du cheval de Troie, issus bons et excellents cheefs de guerre; » mais c'est à la condition de ne point prendre le *simulachre* pour la réalité, un accident pour le but même de la vie. Ainsi pensait le maréchal; et, prenant au sérieux la *majorité*, il voulait que son élève, qui prenait la robe virile devant toute la France, réfléchît enfin à sa haute mission. Le surlendemain de l'ouverture des états dans lesquels le roi s'était proclamé majeur, de Luynes veut entrer dans le cabinet du souverain, dont il entretenait les goûts et qu'il détournait de ses études par ses trop fréquentes visites. Le maréchal veut en réduire le nombre; mais au lieu de baisser dans l'esprit du roi, les oiseaux et de Luynes étaient, eux aussi, devenus majeurs. Louis XIII ne peut supporter davantage la barrière qu'on mettait entre eux et lui; il entre en fureur contre M. de Souvré; il déclare « qu'il ne peut plus durer avec cet homme-là, » et prie sa mère de l'en délivrer. Il est à remarquer que douze heures après cette scène, les transports du roi étaient à peine calmés [4].

De Souvré resta; mais le gouverneur de Louis XIII dut baisser pavillon devant le gouverneur des oiseaux. Voici le roi à la porte Saint-

---

[1] Héroard, *Journal*, 1614, octobre 27. Les *régales* étaient des orgues.

[2] *Ibid.*, 1615, février 23. *Mercure françois*, III, p. 465.

[3] *Ibid.*, 1615, février 26. Les éditeurs des extraits d'Héroard semblent ignorer ce qu'il appelle *chelyte*. C'est un traîneau; — du mot allemand *schlitten*, qui a le même sens.

[4] *Ibid.*, 1614, octobre 29.

Martin, prenant la corneille avec ses faucons. Il s'avance, malgré le froid, jusqu'au Bourget; il entre dans une maison, s'y installe, y fait lui-même des *œufs-perdus*, des beignets, des *œufs-melettes*, et sans doute le plat de son invention, des *œufs hachés avec du lard.* Puis il monte à cheval, va jusqu'à Pontablon, vole le héron, et le prend[1].

Les feux de l'été ne l'arrêtent pas plus que les glaces de l'hiver. Le 18 juillet, la chaleur était des plus étouffantes et des plus excessives qu'on ait vues de mémoire d'homme; on avait saigné Marie de Médicis des deux bras; arbres, prairies, légumes, blés, tous les végétaux étaient brûlés; on promenait la châsse de sainte Geneviève au milieu des foules agenouillées, demandant au ciel de la pluie. Or, à une heure, quand le soleil darde ses plus ardents rayons, le roi part pour la chasse[2]. Sa passion croît avec l'âge et son autorité; la présence de sa jeune épouse aura-t-elle plus de force que le maréchal?

XXIV

Les réformés, qui s'opposaient de toutes leurs forces au mariage du roi, avaient obtenu, dans l'espérance qu'il surgirait un obstacle à sa réalisation, qu'il ne s'accomplirait qu'après la réunion des états généraux.

Le moment était venu. Le roi passait un jour devant la tour de Beauté que Charles VII avait donnée à la belle Agnès, et dont il ne reste aujourd'hui qu'un souvenir dans le bois de Vincennes. Il demanda au comte de la Rocheguyon quelle était cette tour : « C'est là qu'un roi de France avait sa maîtresse, » lui répondit le comte. Le jeune roi regarda M. de Verneuil en lui disant : « C'est comme votre mère. — Mon maître, répondit le fils de la marquise, c'est comme quand l'Infante sera ici. — Oh! non; il y a bien de la différence. — Excusez-moi, mon maître. — Il y a d'autres cérémonies à faire, » répliqua Louis XIII.

De quelles cérémonies voulait-il parler? Quoi qu'il en soit, on faisait apprendre quelques mots espagnols au mari de l'Infante, qui allait passer les Pyrénées. Le commandeur de Sillery était revenu d'Espagne, où il avait porté un bracelet de diamants et le portrait du roi; mais l'argent manquait, et la chambre des Comptes avait refusé cinq fois l'enregistrement des lettres patentes en vertu desquelles on devait puiser dans le trésor de la Bastille. Un arrêt du Conseil décida

[1] Héroard, *Journal*, 1615, mars 6.
[2] *Ibid.*, 1615, mai 51 ; juin 21 ; juillet 18.

qu'on passerait outre, et le lendemain, la mère et le fils se rendirent dans la vieille forteresse, d'où ils tirèrent, le 15 juillet 1615, douze cent mille livres pour les frais du mariage.

Les mécontents avaient les armes à la main. Le prince de Condé venait de lancer un violent manifeste contre les membres du Conseil, et il fallait aller au-devant de l'Infante. N'était-il pas à craindre qu'ils ne se jetassent sur le passage de la cour, pour empêcher sa jonction avec celle d'Espagne? Ce voyage était une expédition à faire. Le 16 août, Marie de Médicis retourna à la Bastille avec son fils, et en tira encore treize cent mille livres : il fallait armer et entretenir les troupes qui devaient accompagner Leurs Majestés dans le voyage qu'elles allaient entreprendre.

La cour partit de Paris le lendemain 17, et on n'arriva à Bordeaux, où le mariage devait se célébrer, que le 7 octobre. Enfin, le 10 novembre, le roi, qui venait d'inventer un trébuchet de carte pour prendre des mouches[1], écrivit à l'Infante, arrêtée aux frontières, une lettre que de Luynes, qui grandissait toujours, avait peut-être composée, et dont il fut chargé : « Madame, disait-elle, ne pouvant, selon mon désir, me trouver auprès de vous, à votre arrivée en mon royaume, pour vous mettre en possession du pouvoir que j'y ai, comme de mon affection à vous aimer et servir, j'envoie vers vous Luynes, l'un de mes plus confidents serviteurs, pour, en mon nom, vous saluer et vous dire que vous êtes attendue de moi avec impatience, pour vous offrir l'un et l'autre. Je vous prie de le recevoir favorablement, et de croire ce qu'il vous dira de la part, madame, de votre plus cher ami et serviteur, Louis. — A Bordeaux, le 9 novembre 1615, à neuf heures du soir. »

De Luynes, si bien traité dans cette lettre, et qui avait eu, dans cette circonstance, le pas sur Concini, revint le 15 de Bayonne, avec des lettres de l'Infante, Anne d'Autriche, à laquelle Roquelaure en porta le 19 de nouvelles. Le jeune roi, le 21, alla *incognito* au-devant de la princesse, et la rencontra à Castres, à cinq lieues de Bordeaux; mais il ne la vit que depuis une fenêtre, pendant qu'elle remontait en voiture pour continuer sa route. Le roi l'atteignit quelque temps après, fit approcher sa voiture de celle de la belle Espagnole, la salua et dit : « Touche, cocher, touche; *io sono incognito, io sono incognito.* » Mais il avait été reconnu; car Matteo Bartolini, le Florentin, qui était allé à Madrid négocier le mariage, dit, en parlant de cette première entrevue : « La dama era di buon umore dopo la passata del cavaliere[2]. »

[1] Héroard, 1615, novembre 4.

[2] *Ibid.*, 1615, novembre 15 et 21. — Bartolini, Archives de Toscane; Corresp. de France, *Filza*, 4629.

L'amoureux monta ensuite à cheval, courut à franc-étrier, et arriva à Bordeaux une heure avant la princesse. Il se plaça avec sa mère sur un trône à sept marches, couvert d'un dais, dans le vestibule du palais épiscopal. L'Infante arriva à huit heures du soir. Quand elle se présenta, Marie de Médicis fit deux pas dans la salle pour la recevoir. La princesse de Conti, qui était au pied du trône, la conduisit vers le roi. Il descendit de deux marches et la fit asseoir à sa gauche; la reine-mère était à la droite de son fils. Après la réception des dames espagnoles qui accompagnaient la princesse, elle fut conduite dans sa chambre par Marie de Médicis et le roi, qui se retirèrent ensuite.

Il y eut le lendemain une petite scène de galanterie, cette fois très-spontanée. Le roi alla chez l'Infante, à qui il présenta MM. de Souvré et Héroard. Elle s'habillait et avait besoin d'une plume incarnate qu'elle voulait mettre à côté d'une blanche. Sa Majesté lui offrit son chapeau, qui en avait de deux couleurs : « Choisissez, lui dit-il, à condition cependant que j'aurai un de vos nœuds incarnats. » La princesse sourit, et lui en offrit un qu'il se hâta de « mettre au pied de sa plume, en façon d'enseigne chevaleresque[1]. »

XXV

La bénédiction nuptiale eut lieu le 25 ; les époux venaient d'atteindre l'un et l'autre leur quatorzième année. Le soir, MM. de Guise, de Grammont et quelques autres seigneurs de la cour firent au roi « des contes gras, » pour lui donner de l'assurance : il avait une haute crainte, dit son docteur[2].

Il existe à la Bibliothèque impériale un document singulier, attribué à la reine-mère; ce n'est rien moins qu'une sorte de procès-verbal de « ce qui s'est passé lors de la consommation du mariage du roi[3]. » Le voici tout entier :

« Vers sept heures du soir, au sortir de l'église Saint-André, le roi et la reine s'en retournèrent à l'archevêché. La reine-mère y retourna aussi par la petite porte, donna ordre à faire faire la bénédiction du lit nuptial sans aulcune cérémonie que par un des aumôniers.

[1] Héroard, 1615, novembre 22.
[2] Ibid., novembre 25.
[3] Bibl. imp., mss. Fonds Dupuy.

« Quand le roi eut soupé, il se coucha dans sa chambre, en son lit ordinaire. La reine-mère fit aussi coucher la petite reine dans le lit de sa première chambre. Vers les huit heures, elle alla trouver son fils en traversant une salle dont elle avoit fait sortir tout le monde, et dit au roi, qui étoit couché : « Mon fils, ce n'est pas tout que d'être « marié; il faut que vous veniez voir votre femme, qui vous attend. » Le roy répondit : « Madame, je n'attendois que votre commandement. « Je m'en vas, s'il vous plait, la trouver avec vous. » En même temps on lui bailla sa robe de chambre et ses bottines fourrées; et ainsi s'en alla avec sa mère par ladite salle en la chambre de la petite reine, dans laquelle entrèrent aussi les deux nourrices, M. de Souvré, gouverneur; Hérouard, premier médecin; le marquis de Rambouillet, maître de la garde-robe, portant l'épée du roi; Belinghen, premier valet de chambre, tenant le bougeoir.

« La reine-mère s'approcha du lit de la petite reine et lui dit : « Ma « fille, voici votre mari que je vous amène; recevez-le auprès de vous, « et l'aimez bien, je vous prie. » A quoi elle répondit en espagnol qu'elle n'avoit autre intention que de lui obéir et complaire. — Et ce disant, le roy se mit dans le lict par le côté de la porte de la chambre, la petite reine étant du côté de la ruelle, où avoit passé la reine-mère, laquelle, les voyant couchés, leur dit à tous deux ensemble quelque chose si bas, que personne ne put entendre qu'eux; puis, quittant la ruelle : « Allons, dit-elle, sortons tous d'ici. » Mais elle commanda aux deux nourrices du roy et de la reine de demeurer seules en ladite chambre, et de laisser ensemble Leurs Majestés une heure et demie, deux heures au plus. Ainsi se retira la reine-mère pour laisser consommer le mariage. . . . . Et après, s'étant un peu endormy et demeuré un peu davantage, à cause dudit sommeil, il se réveilla de lui-même et appela sa nourrice, qui lui bailla ses bottines et sa robe, et puis le reconduisit à la porte de la salle où l'attendoient lesdits de Souvré, Hérouard, Belinghen et autres, pour le ramener en sa chambre.

« Après avoir demandé à boire, témoignant un grand contentement de la perfection de son mariage, il se remit en son lit ordinaire et se reposa fort bien le reste de la nuit, étant pour lors environ onze heures et demie. La reine, de son côté, se releva et se remit dans son petit lit ordinaire qu'elle avoit apporté d'Espagne. »

Malgré l'attestation des deux nourrices, la précision du procès-verbal que, à la demande de Marie de Médicis, avait sans doute rédigé Héroard, en sa double qualité de secrétaire et de premier médecin du roi; malgré l'affirmation sans réticence de son *Journal*, on ne crut point à la perfection de l'œuvre; le nonce Bentivoglio assure lui-même, dans une de ses dépêches, que le *primo congresso* ne fut pas seulement sans effet, mais encore qu'il laissa dans l'esprit du jeune roi une impression désagréable[1].

Ce qui est aussi certain, c'est que ce mari de quatorze ans et deux mois ne recherchait point la reine. Il la laissait dans la société de ses Espagnoles, même à Bordeaux, pendant les fêtes de son mariage, s'amusant « à patouiller » à la pluie, à faire avec son pâtissier des tartes aux coings, à enfariner les passants, à soigner ses émerillons, dont il ne s'était pas séparé pour ses noces, à tendre des piéges aux petits oiseaux, à traîner des petits canons avec des chiens, à faire des bataillons avec de petits hommes d'argent qui avaient remplacé ceux de plomb[2]. Ce nouveau marié couchait seul, il mangeait seul. La première fois qu'il soupa avec la jeune reine fut le 28 avril, cinq mois après son mariage, et, le repas fini, il la conduisit dans sa chambre à elle, et se retira de suite pour aller dormir dans la sienne[3].

XXVI

La cour quitta Bordeaux le 17 décembre 1616, avec une armée de trente mille hommes qui couvraient sa marche contre les insultes des mécontents, des huguenots et du prince de Condé. Des conférences s'ouvrirent à Loudun, à la suite desquelles intervint un édit de pacification. Il ne fut scellé qu'à la rentrée du roi, par le successeur de Nicolas Brulart, qui rendit le 1er mai les sceaux que Henri IV lui avait confiés.

Arrivé à Bourg-la-Reine, près de Paris, le roi se botte, monte Soleil, le beau cheval de son père, et se disposait à faire sa rentrée dans la capitale, quand il vit un bataillon de dix mille Parisiens, venant au-devant de lui avec M. de Liancourt et Miron, prévôt des marchands, ce représentant du tiers, qui avait dit aux états généraux qu'un roi peut tout ce qu'il veut.

Le 20, le duc de Mayenne fit sa soumission « le visage pâle. » La Trémouille et le duc de Bouillon l'accompagnaient : « Soyez les bienvenus, » leur dit le roi. Et il ajouta soudain : « Je vais courir un chevreuil! » Il en avait déjà poursuivi un le matin. Sa plus sérieuse affaire est donc toujours la chasse.

Les plus graves événements ne l'inquiètent guère, et de la jeune reine il est à peine question. Elle va le trouver à Saint-Germain au

[1] Bentivoglio, dépêche du 30 janvier 1619.
[2] Héroard, 1615, décembre 14. — 1616, janvier 23, 29 ; février 3, etc.
[3] Ibid , 1616, avril 18.

mois de juillet; le roi se jette aujourd'hui dans la forêt et demain
dans les champs; il fait quatorze lieues en un jour. On l'aperçoit cou-
rant à Joyenval, à Versailles, au Vésinet, à Chatou, à Maisons. « Il y
dîne, dit Héroard, et court ensuite le cerf à cheval; il le réduit à non
plus, et s'il eût eu un cheval frais il eût tué le cerf, l'ayant couru plus
de trois cents pas l'épée à la main. Il court trois heures; puis il court
aux toiles, puis il court à Mareil, à Chambourcy; » il est tout baigné
de sueur et « sur les dents; » et quand on lui demande pourquoi il
ne va pas voir la jeune reine, il prétexte que « cela l'échauffe[1]. » Le
froid ne l'arrête pas plus que le chaud. Il répondit un jour à M. de
Souvré, qui lui représentait que le vent était très-grand et le froid ex-
cessif: « Je partirai quand même, répliqua le chasseur, dussé-je prendre six manteaux. »

S'il n'erre pas au fond des bois il ne sait que devenir, ou il se livre
à ses *petites besongnes*. Il fait battre à coups de poing les enfants, ou
joue du tambour pour les faire danser; il démonte ses arquebuses,
il compose des fusées, il s'enferme dans sa forge, il construit un
petit fourneau avec de la brique et du mortier, il bâtit de petits forts
qu'il couvre de toile cirée, il fait sentinelle devant ses petits canons[2].
Il eut un soir la pensée de prendre la chose au sérieux : le mari d'Anne
d'Autriche s'installa au corps de garde et voulut se faire à lui-même
sa propre sentinelle; mais il se coucha bientôt sur la paillasse et s'endormit. Descluseaux, le caporal du poste, l'éveilla en le tirant par les
pieds, et le remit debout. La sentinelle s'endormit encore. Son caporal le surprit et le fit mettre « en prison » (il va sans dire que c'était
son lit)[3]. « C'est toujours, dit Bassompierre, l'enfant qui veut faire
avec des tuyaux de plume les artifices des eaux de Saint-Germain[4].»

M. de Vaucellas, ambassadeur de France à Madrid, écrivait, au moment des fiançailles, que la princesse était éblouissante de beauté et
pleine de modestie; Mayenne, que le portrait de *doña Anna*, si admiré
à la cour de France, n'égalait point l'original; et l'ambassadeur du
grand-duc : *Ella è bellissima!* C'est la plus agréable et la plus belle
princesse du monde.

Les femmes, qui sur ce chapitre sont moins généreuses que les
hommes, et surtout que les poëtes, furent aussi enthousiastes qu'eux.
La vieille marquise de Morny trouvait la jeune reine « extrêmement
belle, avec ses grands cheveux blonds frisés à grosses boucles. »

Anne d'Autriche conserva longtemps cette beauté, généralement

[1] Héroard, 1616, juillet 9, 15 : août, etc.—1617, juin 4.
[2] *Ibid.*, 1617, avril 19; mai 17; septembre 6, 8, 17; novembre 11; décembre
51, *passim*.
[3] *Ibid.*, 1616, octobre 2.
[4] Bassompierre, année 1618 de son *Journal.*

admirée. Madame de Motteville, qui parlait de la reine vingt-cinq ans
plus tard, la trouve aussi belle qu'aucune des dames de son cercle,
dans lequel on admirait la princesse de Condé, dernière folie de
Henri IV; madame de Montbazon, qui faisait grand bruit et préten-
dait à l'admiration de l'univers; madame de Guéménée, aussi jolie
que sa belle-mère, mais avec moins de prétentions; madame de Chevreuse, si connue; la princesse Marie, dont Monsieur était amoureux;
mademoiselle d'Urfé, nièce de l'auteur d'*Astrée*, « la fleur de chez la
reine-mère; » mesdemoiselles de Hautefort, de Guise, de Rohan, de
Vendôme. La reine brillait au milieu de cette étincelante pléiade.

A dix-sept ans, le roi était le seul qui ne fût pas ébloui; il restait
attaché à ses bagatelles, et ses imperfections croissaient au point d'inquiéter la politique au dehors comme au dedans. Il faut lire une dépêche du nonce Bentivoglio au cardinal-ministre, neveu du pape, da-
tée du 10 février 1618 : « Ses défauts augmentent de jour en jour, dit
ce prélat, et peuvent avoir de graves conséquences, si l'on n'y prend
garde... Il incline à des gens de condition basse. »

Bentivoglio savait-il les relations du roi et d'Haran, le garde de ses
chiens? Le roi visitait sans cesse ce favori et se mettait à sa table; il
avait fini par lui donner une maison qu'il avait achetée trente mille
cinq cents écus, somme énorme pour ce temps-là, et qui ferait supposer que cette maison était un château avec ses dépendances. Bentivoglio connaissait-il « Pierrot, ce petit pied-plat de Saint-Germain-en-
Laye, le pourvoyeur de moineaux, dit Lestoile, qui seroit devenu l'un
des premiers de la cour, si on eût cru le prince[1]. »

Le nonce continue : « Le roi se livre à des occupations et à des jeux
indignes de lui. Ces jours derniers, par exemple, Sa Majesté ne pouvait se détacher de certains petits mulets attelés à de petits canons,
et d'autres enfantillages. Tout le monde en murmurait; les grands
et les principaux personnages de la cour en étaient désolés... Cependant, ajoute Bentivoglio, il faut un peu pardonner à l'âge de Sa Majesté[2]. » Elle avait dix-sept ans !

Il n'en est pas moins vrai que le nonce pria le P. Arnoux, confesseur du roi, de faire voir à Sa Majesté les effets désastreux d'une telle
conduite.

En même temps, on cherchait par tous les moyens à fixer l'attention du jeune roi sur sa jeune épouse, à accélérer l'ouvrage de la nature au profit de la politique. Les leçons naturelles étaient trop tar-
dives et trop lentes; les tragédies, les comédies, les farces, furent

[1] Fontenay-Mareuil, *Mémoires*, collect. Petitot, XIX, 45, 85, etc. (Voir Lestoile.)

[2] Bentivoglio, dépêches, 1618, février 10, édition Scarabelli. (Voir, pour toute
cette partie, le livre curieux de M. Ar. Baschet, *Le roi chez la reine*.)

appelées à son aide ; l'italien, le français, l'espagnol entrèrent dans la conspiration : ce qu'une langue disait un jour sur le théâtre du roi, une autre le répétait le lendemain. On frappait son imagination à coups redoublés.

Quand les spectacles cessaient, les ballets venaient à leur tour en continuer l'œuvre. De spectateur plus ou moins ému, le roi devenait acteur, après s'être préparé à son rôle chez M. de Luynes, qui ne négligeait rien dans ses répétitions pour embraser les sens du roi. Le répertoire des ballets, déjà considérable sous Henri IV, s'augmentait chaque jour, surtout depuis le mariage de son fils. Or, la liberté des paroles dans ces compositions est extrême. Pour s'en faire une idée, il suffit de lire le ballet des *Suppléeurs* ; la licence y remplace généralement la galanterie [1].

Le 29 janvier 1617, de Luynes fit danser le ballet des *Amours d'Armide et de Renaud*. Le roi, qui s'y préparait depuis plus d'un mois, figura sous le costume et dans le rôle du *démon du feu* [2].

Le rôle dit nettement ce qu'on suggérait à l'acteur ; mais le roi ne brûlait guère. La malveillance répandit le bruit qu'il recherchait mademoiselle de Montgyron, une des demoiselles d'honneur de la reine ; Bentivoglio n'en croit rien ; sa dépêche du mois de juillet 1617 est formelle : « Non-seulement, dit-il, ce bruit ne se confirma pas ; mais on sait que jusqu'à présent le jeune roi ne s'est pas déclaré *in materia di donne* [3]... »

Cependant le P. Arnoux intervient. Le nonce, qui était à Rouen, à la suite du roi, écrit à Rome : « Il P. Arnoldo m'a detto che egli a fatto col re, in questa ultima confesione, ogni buon ufficio per la regina sua moglie [4]. »

Il visite plus souvent le jour sa jeune épouse ; mais après ses chasses quotidiennes il s'empresse d'aller passer les soirées chez de Luynes ; il y soupe, il y joue la comédie, « il y recorde sa ballet, » il y danse... Dire tout ce qui se passait alors chez ce favori, personne ne le sait ; Héroard, qui le savait, n'a pas osé l'exprimer. Le 11 février 1618, il se contente d'écrire dans son *Journal* : « Soupé chez M. de Luynes ; » mais il met en marge un mot étrange : CONFUSION.

Huit jours après, la même scène se renouvelle, et la honte dimi-

---

[1] Voir, à la Bibl. imp., mss. *Fonds Lavallière*, 177, une collection de ballets de cette époque.

[2] Héroard, 1617, janvier 29. — Voir aussi, à la Bibl. imp., Durand, *Discours au vrai du ballet dansé par le roi le dimanche 29 janvier* 1617, avec les dessins des machines et apparences diverses ainsi que de tous les habits du marquis. Paris, chez Ballard, 1617, in-4.

[3] Bentivoglio, dépêches du 2 et du 19 juillet 1617.

[4] Bentivoglio, 1617, décembre 5.

nue : « Soupé chez M. de Luynes, » répète le docteur ; et il écrit en marge l'expression affaiblie du dimanche précédent : UN PEU DE CON-FUSION [1].

Cependant l'ambassadeur d'Espagne se disposait à repasser les Pyrénées ; il fallait qu'il pût annoncer à la cour de l'Escurial une nouvelle qu'elle était fatiguée d'attendre. Le nonce fit connaître à M. de Montelcone les constantes exhortations du P. Arnoux, et disait que Henri IV avait commencé tard : « Plaise à Dieu, ajoutait le prélat, que son fils, qui l'imite maintenant, ne l'imite pas encore dans l'âge mûr [2] ! »

Quelques jours après, c'est l'ambassadeur espagnol qui alla donner des espérances à son collègue d'Italie : « On remarque, lui dit-il, de plus vives preuves de tendresse dans Sa Majesté, et la reine se montre fort éprise du roi. Elle se pare tant qu'elle peut, mais la pudeur la retient. (Qual che volta vorrebbe far di vantaggio ; ma il pudor combatte il desiderio.) » — « Cependant, avait dit le P. Arnoux, en parlant du roi, on ne peut pas faire violence à la nature [3]. »

Aussi le mois suivant se passa-t-il sans résultat. « Credevasi fermamente, porte la dépêche italienne du 17 juin, che questa volta in San Germano il rè dovesse dormire con la regina, e finir una volta d'esser marito ; ma, o che si sia vergognator, o che le forze non gli servano ancora, non ne ha detto altro [4]. »

Les dames espagnoles qui entouraient la reine ne ménageaient pas le roi ; elles disaient nettement : *Che non val niente*, et le comte de Gondomar, lui aussi, le croyait impuissant ; mais le nonce affirmait le contraire : « È certissimo che egli s'inganna. » On renvoya les Espagnoles, et la reine s'en affligea peu ; elle passait gaiement son temps, dit une autre dépêche, « aspettando questa benedetta notte che il rè abbia a dormire con lei, e che mai non finisce di giungere. »

Christine de France, sœur du roi, fut fiancée à Victor-Amédée de Savoie le vendredi 11 janvier 1619. Bentivoglio se trouvait le 15 au Louvre, et se permit de dire au roi : « Sire, vous ne voudriez pas sans doute avoir cette honte que votre sœur ait un fils avant que Votre Majesté ait un Dauphin. » Le roi rougit et répondit qu'il comptait bien ne l'avoir pas.

Il faut tout dire. Quelques-uns, de Luynes peut-être, chez qui le roi eut plus d'une fois de la *confusion*, quelques-uns lui conseillaient un criminel apprentissage ; mais son confesseur tint ferme, « et l'on

[1] Héroard, 1618, février 11 et 18.

[2] Bentivoglio, 1618, dépêches d'avril 14 et 25.

[3] Ibid., 1618, dépêche du 9 mai.

[4] Ibid., 1618, dépêche du 17 juin.

espère, dit le nonce, que le bon sens du roi le préservera de cette chute, car l'heure désirée n'est pas loin[1]. »

Cependant la reine, dont le nonce loue la conduite, priait Dieu, et la Vierge, et saint Bernard, dont la réputation était aussi grande en Espagne qu'en France. Elle lui demandait d'obtenir de Dieu la grâce d'être mère : « Adsit, orante Bernardo, REGIA PROLES[2] ! » Mais de Luynes était *tout de feu* pour le *congresso*, dit le prélat italien. Il avait promis au comte de Gondomar que cette union s'accomplirait après le départ des dames espagnoles. Les dames étaient parties, les choses en étaient au même point. Le comte renouvelait ses plaintes[3] ; de Luynes soufflait le feu par tous les moyens. Chaque soir il faisait répéter au roi le ballet de *Tancrède dans la forêt enchantée*, que Porchères et Bordier avaient reçu ordre de composer *ad hoc*. La fiction ne suffisait, on passa au spectacle de la réalité. Mademoiselle de Vendôme, fille de Gabrielle d'Estrées, épousa le duc d'Elbeuf le 20 janvier 1619. Or, le soir, après un souper qu'il fit sans doute, comme à l'ordinaire, chez de Luynes, le roi sortit et alla chez les mariés, « pour faire la guerre à l'épousée, » dit Héroard[4].

Le docteur, qui devient de plus en plus discret, s'arrête à cette expression ; mais elle se trouve amplement commentée dans une des dépêches d'Anzolo Contarini, ambassadeur de Venise, lui aussi préoccupé de la question flagrante : « Le roi, dit-il, fut une bonne partie de la nuit sur le lit des mariés, pour voir se consommer le mariage. « Sire, lui aurait dit mademoiselle de Vendôme, faites de même, et « bien vous ferez. » — On pense, ajoute l'ambassadeur, que cet exemple n'a pas été inutile[2]. »

---

[1] Bentivoglio, 1618, juin 17 : « Si spera che prevalerà sin che venga il tempo aspettato, che finalmente non potrà molto tardare.

[2] La chapelle de Saint-Bernard, à Fontaines-lès-Dijon, date de cette époque ; la première pierre fut posée au nom du roi par son grand écuyer, gouverneur de Bourgogne, précisément en 1619. La reine fit une fausse couche en 1622, mars 16, et, en 1626, elle n'avait pas encore d'enfant. Cette année elle fit un vœu ou renouvela celui de 1619 en envoyant à la chapelle de Fontaines, berceau de saint Bernard, des colonnes de marbre. Voici les inscriptions sur lesquelles ces colonnes s'élevaient, cachées qu'elles étaient sur le plat de leurs bases ; nous en devons la copie à l'obligeance de M. Paul Foisset, qui a eu récemment la bonne fortune de les découvrir : 1° Gloria, laus et honor Jesu, Mariæ, Bernardo ! Regi et Patriæ salus plurima, regia soboles et pax, 1626 ! 2° Gloria, laus et honor Jesu, Mariæ, Bernardo ! Regis, Reginæ, regnique votis adsit, orante Bernardo *regia proles* 1626 ! 3° Dante Jesu, meritis sacræ Virginis Mariæ, o. g. d. (omnium gratiarum donatricis), et citharistæ ejus divi Bernardi, ANNA AUSTRIACA, Galliæ regina augusta, *regia prole* cum rege glorietur ! — Louis XIV naquit à Saint-Germain, le 5 septembre 1638. — Les autres inscriptions sont à la louange de la reine.

[3] *Ibid.*, 1619, janvier 16.

[4] Héroard, 1619, janvier 20.

[5] Anzolo Contarini, dépêche à la république de Venise, 27 janvier 1619 : « Il

Cependant quatre jours s'étaient passés, et le roi, attaqué par toutes les batteries de M. de Luynes, ne se rendait pas. Le 25, le roi va se coucher dans sa chambre ordinaire; mais de Luynes, fatigué de tant de résistance, et inquiété par l'attitude de M. de Gondemar, pénètre à onze heures dans la chambre du roi. Une lutte s'engage. Le favori veut qu'il aille chez la reine; « le roi, dit Héroard, résiste fort et ferme, jusques aux larmes; » mais son adversaire le saisit, l'emporte, et le met dans les bras de la reine. De Luynes avait vaincu. Héroard met ici en marge dix points d'exclamation[1].

Le fait est rapporté par Pontchartrain; le célèbre Arnaud d'Andilly ne l'ignorait pas : « M. de Luynes, dit-il, emporta Sa Majesté; M. de Beringhen tenait le flambeau; Stéphanille, femme de chambre espagnole, quitta l'appartement; il n'y resta que madame Bellière, première femme de la reine. »

Le bulletin de cette victoire fut immédiatement répandu. « Subito corrieri in Ispagna ed a Roma si sono espediti, ed io amora, dit l'ambassadeur de Venise, a vostra Serenità riverentemente scrivo il successo capitato alla mia notizia[2]. »

Bentivoglio, dans une de ses dépêches, s'attribue quelque part dans ce triomphe, « dont les huguenots et autres malintentionnés furent étourdis; » mais il donne à Luynes la meilleure part : « Anch'egli s'è portato benissimo, perche, la notte stessa che il rè andò a dormire colla regina, stando anche tutta via quasi in forse e in gran contrasto fra se medesimo, Luines lo prese a traverso e lo condusse quasi per forza[3]... »

L'histoire, dans la grande acception du mot, marche rapidement, et souvent, à notre avis, avec trop de fierté. Des lieux hauts qu'elle habite, elle ne daigne pas toujours jeter les regards au fond des vallées. Cependant un président au parlement de Toulouse, un continuateur de de Thou, Gabriel de Grammont, a cru que les faits qu'on vient de lire n'étaient pas indignes de sa plume de magistrat : il les a racontés franchement, et en termes qui ne manquent ni d'exactitude ni d'élégance[4].

duca d'Albuf (Elbeuf) dormi con la sua sposa, madamigella di Vendomo, e il re, buona parte della notte ha voluto star presente su il proprio letto di questi sposi.. Onde si crede che quest'esempio... » etc.

[1] Héroard donne ici plus de détails et ajoute, en qualité de médecin : *Hæc omnia nec inscio*, je le sais positivement.

[2] A. Contarini : « Il sabbato sera ha mandato a dar questa nuova a Mgr nonzio ed all'ambasciadore d'Ispagna, che infinito contento ne riceverono; e cosi la S. M. ha adempita le promesse, che dopo la partenza delle Spagnole... » etc.

[3] Bentivoglio, 1619, janvier 30.

[4] Grammont : « Instabant legati Hispaniæ rati regis sui contemptu differri amplexus; jam quoque haud procul divorcio aberat conjugium, cum Luynæus... re-

XXVII

Laissons ces lieux infimes ; on conçoit qu'ils aient fait une certaine agitation dans les régions politiques. L'homme, le roi surtout, doit se chercher ailleurs.

Parmi les gens de basse condition que Bentivoglio voyait avec peine autour du roi, se trouvait un paysan qu'il avait rencontré en chassant près de Saint-Germain. Il l'amena au château, le prit en affection, jouait avec lui à la pierrette, et lui gagna un jour dix sous qu'il prit et porta tout joyeux à Ruel, pour les montrer au cardinal. On renvoya Jean Doucet (ce paysan) dans son village, avec une robe de chambre chamarrée d'or ; mais ce bouffon venait toutes les semaines voir le roi. Il lui donna un jour vingt écus d'or : « Ça vous reveindra, sire, lui dit le paysan en frappant sur le gousset de son *innocente* [1] ; ça vous reveindra : vous mettez tant de ces tailles, de ces diableries sur ce pauvre peuple. » Il le consolait de sa générosité ; car, dit son docteur, « il passe pour avaricieux [2]. »

Il craignait, chaque année, d'avoir la fève pour ne payer pas la royauté ; le 5 janvier 1606, son huissier de salle se mit à crier : le Roi boit !

Le roi lâche sa coupe, en disant : Non, je ne veux pas.

— Ne voulez-vous pas, lui dit Héroard, que l'on crie : Le Roi boit quand vous buvez ?

— Non ; quand je serai roi.

En 1609, le 5 janvier, on parlait de la fête des Rois :

— Je ne veux pas être le Roi, dit le prince.

— Pourquoi ?

— Je veux pas l'être.

— Si vous l'êtes, vous paierez quelque chose, comme mademoiselle de Vendôme paiera, si elle est reine.

Le Dauphin ne répond rien, mais appelle mademoiselle de Ven-

---

gem concubia nocte lecto suo recubantem et tum forte insomnem aggressus : «Quid, « inquit, nullo in venere ausu, facis solitarius ? Sat vitæ cœlibi datum ; crimen est « solitudo vitæ sociam habenti. » Hæc effatus, amplexatum nec non obluctantem veste fortuita legit, transfertque brachiorum nisu in reginæ cubiculum. Somno se illa forte commiserat, ignora beneficii, cum perplacidam imaginem discusso sopore conjugem, grato velut in somnio, videt et possidet. » (*Historiarum Galliæ ab excessu Henrici IV*, lib. XVIII, — ex. lib. III.)

[1] C'est le nom qu'on donnait à la robe de femme que portait Doucet.

[2] Héroard, 1608, novembre 20.

telet, et lui dit à l'oreille : « Ne faites pas mettre de fève dans le gâteau, pour qu'il n'y ait pas de roi.

— Mais, si Dieu est roi, lui dit sa nourrice, il faudra que vous teniez sa place[1].

— Je veux pas, moi.

— Comment, monsieur, s'écria-t-on, de tous côtés, vous ne voulez pas de la place de Dieu !

— Hé ! c'est à papa.

— Monsieur, il faut que ce soit vous ici.

— Hé ! je veux bien.

Le jour de sa fête ne lui inspirait pas de sentiments plus généreux ; le 24 août, madame de Vitry lui apporte un bouquet, en disant : « C'est demain la saint Louis, il faudra que vous payez la tarte pour tous. » — Le prince entre en colère et la chasse de la chambre[2].

Il était d'usage que la gouvernante, en quittant son pupille, retînt certains objets qui avaient été à son usage ; le Dauphin l'apprit, le conta d'abord sans mot dire, puis il se fâcha en s'écriant : « Ho ! c'est qu'elle veut retenir ma vaisselle d'argent![3] »

Sa nourrice n'était pas plus favorisée. Quelques jours avant l'assassinat de Henri IV, on s'amusait chez la reine à tirer une loterie, à laquelle le prince gagna une petite turquoise. Dondon en plaisantant la lui demande en vain, et l'appelle ingrat. Le Dauphin se jette sur elle et « la bat des pieds et des poings. » Le roi la trouva en larmes ; quand il en sut la cause, il dit à son fils : « Je lui donne puissance de vous fouetter. »

Il répond : « Ho ! j'ai une bonne épée ![4] »

On le verra plus tard effacer du livre des dépenses des biscuits qu'on avait donnés à M. de la Vrillière et le potage au lait que prenait tous les matins la générale Coquet. Corneille, après la mort de Richelieu, voulait dédier au roi la tragédie de *Polyeucte*. « Cela lui fit peur, parce que Montauron avait autrefois donné au poète 200 pistoles pour *Cinna*.

— Il n'est pas nécessaire, dit le roi.

— Ah ! reprit Schomberg, sire, ce n'est point par intérêt.

— Bien donc ; il me fera plaisir. »

Mais le roi mourut avant l'impression ; la tragédie fut dédiée à la reine.

---

[1] Dieu représentait les pauvres.

[2] Héroard, 1607, août 24.

[3] *Ibid.*, 1608, décembre 7.

[4] *Ibid.*, 1610, mars 16.

XXVIII.

Dans la quatrième matinée de son *Institution du prince*, Héroard dit à son élève des paroles remarquables; on croirait parfois entendre la voix de Bossuet : « La mission du roi, c'est le bien public...
« La puissance qu'il a sur les hommes ne fait pas qu'il soit d'une au-
« tre pâte; le plus grand en dignité n'est qu'un peu de poussière,
« qui dans peu doit être ravalée à l'égal des plus viles... Dieu donne
« les sceptres et les retire quand il lui plaît; il élève les petits; il
« abaisse les grands; il fait d'un sceptre une houlette... Il n'y a rien
« de si fragile que la vie de l'homme; le fier lion sert souvent de
« pâture aux moindres animaux... Que le roi soit modeste, doux,
« affable, courtois à la noblesse...; plus un prince est grand en di-
« gnité, plus il élève sa grandeur par cette courtoisie... Autrement
« les courages se piquent, les volontés s'égarent et s'aliènent sans
« retour...

Un subjet courageux peut détruire un empire. »

Héroard répète ailleurs : « Qu'il fasse du bien à ceux qui le mé-
« ritent, aux grands surtout, où s'élèvent les maîtres vents qui sou-
« lèvent les tempêtes... Qu'il se comporte avec eux de telle sorte
« qu'ils ne puissent avoir prétexte de se porter à un désespoir, qui
« les fasse échapper hors des limites du respect et de l'obéissance...,
« mais qu'il n'oublie pas que le peuple est la forêt où les ennemis
« du repos public coupent le bois dont ils se font des armes. »
Le docteur, dont le langage a quelque chose de prophétique, avait donc, en présence du Dauphin, les craintes qu'avait Henri IV. Le jeune prince eut dès son berceau le sentiment de son élévation présente et future : Je souis moucheu Dauphin; — je souis le petit roi, répétait-il sans cesse; — c'est moi qui suis le maître; — j'ai la puissance; — ôtez votre chapeau devant moi; il ne faut pas que vous ayez votre chapeau sur la tête devant moi, disait-il, même aux plus vieux seigneurs de la cour. — Il avait le nez sale; sa gouvernante l'appelle morveux; il pleure, il crie : — Appelez-moi moucheu Dauphin. — Madame de Montglat l'appelle ainsi. — Deux fois, continue-t-il. — Elle répète le mot. — Encore, ajoute-t-il, encore, longtemps[1].
— La reine était enceinte; M. de Laroche dit au Dauphin : — Voilà

[1] Héroard, 1605, janvier 2; mars 17, 19; mai 10; juin 5, 16; août 15, 26; novembre 17, etc. — 1606, février 25, etc.

un petit frère qui sera votre maître. — Non, répond brusquement le prince.

En 1605, Héroard montre au prince, âgé de quatre ans, une gravure qui représentait l'empereur Justinien assis : — «Qu'est-il? demande l'enfant.

— C'est un grand empereur.

S'assayait-il devant un prince comme moi?

— Oui, monsieur.

Le Dauphin frappe la gravure.

— Monsieur, dit le docteur; il ne faut pas frapper; Justinien était un grand empereur qui commandait aux princes et aux rois.

— Commandait-il à papa?

— Il n'était pas encore au monde; mais il commandait à ceux qui étaient en France où votre père commande maintenant.

— Et à moi?

— Non, monsieur; vous n'étiez pas né.

— Est-il mort?

— Il y a longtemps.

— Se faisait-il déchausser par des princes, comme moi?

— Oui, monsieur. — La conversation finit là; le prince fut satisfait[1]. »

M. Lacroix, un des gouverneurs de la petite colonie de Saint-Germain, fait signe du doigt à l'un des enfants pour lui imposer silence. Le Dauphin croit que ce signe l'humilie : — « Pourquoi lui avez-vous fait ce signe, dit le prince en s'approchant du précepteur.

— Monsieur, c'est pour le faire taire.

— Mais je leur ai commandé!

— Alors, monsieur, c'est assez.

— Ho! ho! s'écrie le prince, ils ne font que ce que je leur commande, moi[2]. »

Il entend rire à l'étage supérieur, chez M. d'Orléans, son frère : — « Qu'est-ce donc? Je ne trouve pas bon, moi, qu'on fasse ce bruit; allez, dit-il à M. de Lacour, exempt des gardes, et le faites cesser; il semble qu'ils sont les maîtres[3]. »

À peine pouvait-il articuler quelques mots et se tenir debout, que ses femmes de chambre lui disaient : « Monsieur, vous n'avez que Dieu pour maître; » et il répondait : Oui, en souriant[4].

De bas en haut, tout contribuait à exalter en lui ce sentiment d'une souveraineté indépendante déjà trop vif au fond de son âme.

[1] Héroard, 1605, octobre 5.
[2] Ibid., 1608, août 18.
[3] Ibid., 1608, août 15.
[4] Ibid., 1602, mars 5.

Henri IV lui-même n'était-il pas imprudent le jour où il disait au Dauphin, en lui montrant une députation normande, à la tête de laquelle était Grolard, chef du parlement de Rouen : « Mon fils, voyez-vous ces gens-là? vous leur commanderez après moi. » Il répondit froidement : « Oui, papa[1]. »

Sa présomption alla croissant; il finit par prendre l'élévation pour le mérite; en 1609, il entendait parler de Plutarque et de la charmante traduction d'Amyot, qui venait de populariser les *Vies des hommes illustres*. Il demanda aussitôt si l'on n'écrirait pas la sienne[2]; il se mettait naïvement au niveau des grands hommes.

La conscience de sa force, plus ou moins réelle, lui rendait insupportable quiconque l'entravait; il n'avait pas cinq ans qu'il aspirait à l'indépendance. Mademoiselle de Ventelet lui disait que madame de Montglat, sa gouvernante, le quitterait, s'il n'était pas sage : « J'en suis bien aise, répondit-il; j'irai où je voudrai[3]. »

En se retirant, pour laisser son pupille aux mains de M. de Souvré, elle disait au maréchal : « Je puis dire cependant que le Dauphin est à moi; le roi me l'a donné à sa naissance, en me disant : « Voilà, « mon fils; je vous le donne. »

— Il ne vous a été donné que pour un instant, répondit de Souvré; il est maintenant à moi.

— J'espère bien qu'un jour je serai à moi, dit le Dauphin froidement, sans hausser la voix et sans se détourner de sa besogne[4]. »

Les traits de ce genre fourmillent dans le *Journal* de son docteur; en voici un qu'on attribuerait à Louis XIV. Après un ballet, qui avait eu lieu le 7 mai 1608, on fit un branle que M. de Vendôme conduisit : « Prenez votre rang, dit le coryphée au prince. — Mon rang? répondit-il, *il est partout*[5]. »

Il mettait quelquefois sa volonté au-dessus de celle de son père. Héroard lui dit que le roi et la reine devaient venir le voir; il répond : « Je ne veux pas qu'ils viennent. » — Henri IV, allant coucher à Villepreux, fait mettre son fils dans le carrosse de madame de Montglat, à laquelle il recommande de rentrer au château avant d'atteindre ce village. Quand on est près de Villepreux, le Dauphin ne veut pas revenir. « Monsieur, lui dit sa gouvernante, le roi ne veut pas que vous alliez à Villepreux. — Je le veux, moi, » dit-il impérieusement. Le cocher feignit de se diriger vers ce village; mais il tourna insensiblement vers Noisy. Quand l'enfant s'en aperçut, il entra en

---

[1] Héroard, 1606, juin 26.
[2] *Ibid.*, 1609, décembre 9.
[3] *Ibid.*, 1606, juillet 9.
[4] *Ibid.*, 1610, mars 8.
[5] *Ibid.*, 1608, mai 7.

colère : « C'est Verneuil, s'écria-t-il, qui a conseillé le carrossier ; fouettez-le, maman Gat.

— Je n'ai pas de verges.

— Voilà un arbre ; faites-en couper, et je vous promets que je ne serai plus opiniâtre, mais qu'on le fouette[1]. »

Une autre fois il va d'un trait dans la chambre de madame de Montglat et lui dit : « Faites fouetter Bompar, — c'était son page. — Pourquoi, monsieur ? — Il m'a vu au jeu de paume, et il ne m'a pas ôté son chapeau[2]. »

La supériorité de sa naissance le rendait dédaigneux et jaloux au delà de toute expression, surtout quand il s'agissait de ses frères naturels. Il n'avait que trois ans ; Héroard lui dit d'aller au-devant de son père : « Non, répondit-il. — Alors vous n'aurez pas le tambour qu'il apporte ; il le donnera à M. de Verneuil. » Le Dauphin grince les dents et veut égratigner son docteur ; puis il le regarde froidement : « Eh ! bien, qu'il le donne à moucheu de Verneuil, dit-il d'un air de dédain, remuant la tête comme parlant de choses qu'il méprise[3]. »

L'année suivante le roi dit à madame de Montglat de faire manger quelquefois M. de Verneuil avec le Dauphin. Celui-ci entend : « Ho ! non, répond-il ; il faut pas que les valets mangent avec leurs maîtres. » Le lendemain cependant M. de Verneuil est admis à la table du roi, malgré l'opposition du Dauphin. Le roi lui demande la raison de son aversion : « Ho ! répond le prince, il n'est pas fils de maman. » — Vous serez cardinal ? lui dit son aumônier. — « Non, ce sera cet homme, répond le Dauphin, en mettant la main sur la tête de Verneuil. » — On lui dit qu'à son baptême, qui allait avoir lieu, Verneuil serait appelé *Henri*. — « Je veux pas, moi ; je le nommerai pas Henri ; c'est le nom de papa ; il seroit plus que moi ; je m'appelle *Loys*. »

Le roi joue-t-il avec un autre de ses enfants, le Dauphin va dans sa chambre, s'enferme et pleure. « Mon maître, lui dit Verneuil, que le Dauphin appelait *la rosse*, vous plaît-il que je dîne avec vous ? — Non, répond brusquement le Dauphin ; il en feroit coutume et je veux pas. » Il en était de même pour les Vendômes ; il joue avec eux et leur dit qu'il est fils du roi. « Et moi aussi, dit M. de Vendôme. — Vous ? — Oui, monsieur. — Hoho ! s'écrie-t-il, vous n'avez pas été comme moi dans le ventre à maman ! » — Il ne veut pas appeler mademoiselle de Vendôme sa sœur. — « César de Vendôme a six la-

---

[1] Héroard, 1607, septembre 5.

[2] *Ibid.*, 1608, août 20.

[3] *Ibid.*, 1604, novembre 24.

quais, et je n'en ai qu'un ; il a tout plus que moi ! » Le chevalier de
Vendôme dit en soupant qu'il irait seul à la guerre en Champagne
avec le roi. — « Voyez quelle insolence ! il n'y aura que lui[1] ! » Le
18 juin 1608, César de Vendôme alla voir madame de Montglat qui
était malade. « D'où venez-vous, lui dit le Dauphin ? Allez-vous-en.
— Comment ! dit madame de Montglat, vous chassez M. de Vendôme ?
Il ne viendra plus vous voir. — C'est tout un ; chacun est maître en
sa maison. »

Le fils de Jacqueline de Beuil, Antoine de Bourbon, comte de Moret, était naturellement sur la ligne de ses frères et même plus bas.
Le 10 mars 1608, Bigneux, page de madame de Montglat, avait été
par elle envoyé à Moret, pour avoir des nouvelles de la comtesse. A
son retour, il dit au Dauphin que M. de Moret, son frère, lui baisait
très-humblement la main. « Mon frère ! répéta de Dauphin. Il n'est
pas mon frère : vous êtes un sot ; je vous ferai donner le fouet ; pour
chaque mot vous en aurez vingt coups. »

Héroard dit au Dauphin, qu'il avait ordre du roi d'aller visiter le
fils de cette dame. — Où est-il ? — Il est à Moret. — Je veux pas.
— Le roi le veut. — Je veux pas, crie-t-il plus fort. Allez-vous-en ;
vous êtes un méchant homme, et ne revenez plus. »

Héroard s'en alla en disant qu'il partait pour Moret ; le Dauphin
« devint rouge comme feu, » et lui reprocha, qu'étant son médecin
il ne devait pas aller voir le petit Moret[2].

Le comte de Moret était pour lui sur le dernier degré de l'échelle.
« Faut-il ouvrir à M. de Vendôme, qui frappe à votre porte ?

— Non.

— Et pourquoi ? Il est pourtant votre frère.

— Ho ! dit le chasseur, c'est une autre race de chiens.

— Et M. de Verneuil ?

— Autre race de chiens.

— Monsieur, de quelle race.

— De la marquise de Verneuil ; je suis d'une autre race, avec mon
frère d'Orléans, mon frère d'Anjou et mes sœurs.

— Laquelle est la meilleure ?

— C'est la mienne, puis celle de *féfé* Vendôme et du chevalier ;
vient ensuite féfé Verneuil, et puis le *petit* Moret ; c'est le *darrier* ; il
est après ma *méde* que je viens de faire[3]. »

On croit qu'Antoine de Bourbon, si ignominieusement qualifié par

---

[1] Héroard, 1604, juin 2 ; novembre 25 ; décembre. — 1605, février 25, 26 ;
novembre 21, etc. — 1608, avril 17. — 1609, janvier 11. — 1610, avril 16, etc.

[2] *Ibid*, 1608, mars 10 et 15.

[3] *Ibid.*, 1608. mai 18.

le Dauphin, périt à la bataille de Castelnaudary, en 1631, à l'âge de 25 ans[1].

Madame des Essarts, autre maîtresse du roi, venait d'accoucher d'une fille. On disait qu'Henri IV devait la faire porter à Saint-Germain pour y être baptisée et que le Dauphin en serait le parrain.

« Qui l'a dit? est-ce papa?

— Oui, monsieur.

— Comment la portera-t-on?

— On empruntera une litière.

— Ah! oui; car si on prenoit celle de maman, dit le Dauphin en hochant la tête, je monterois sur les mulets, je les ferois tant courir, tant courir, que tout iroit à terre.

— Mais, monsieur, dit Birat, premier huissier de sa chambre, c'est une femme que le roi aime bien.

— Moi, je l'aime point; c'est une p...[2] »

C'est madame de Foire, disait-il encore en parlant de madame de Moret, pour laquelle il avait une antipathie profonde. Elle vient le voir, et lui offre de monter dans sa voiture; mais il préfère aller à pied. — Le 12 avril 1608, Henri IV chassait à Fontainebleau. La comtesse de Moret, qui était de la partie, ainsi que le Dauphin, dirigeait vers lui sa voiture pour aller saluer le prince. Aussitôt qu'il s'en aperçut, il cria à son cocher : « Tournez, tournez vite, cocher; *dret* à Fontainebleau. »

XXIX

Louis XIII « était jaloux des siens, dit Héroard; il l'a toujours été pour si petit qu'il fût, » et il élevait si haut sa personne qu'il repoussait comme souillés son verre dont sa sœur s'était servie et sa cuillère que madame de Montglat avait touchée : « Allez la laver, dit-il; elle est galeuse. » Il refuse de mettre sa *cotte*, parce qu'on l'avait touchée; il danse aux branles; « et, afin qu'aucun ne lui touche la main, il fait tenir à son page Bompar le bout d'une de ses petites manches, et le bout de l'autre à Georges Birat[3]. «Le 21 mai 1607, il voit, en entrant dans la salle, un Suisse assis sur une chaise, dont lui, *moucheu Dauphin*, se servait quelquefois; il entre en colère et

[1] De la Grèze, conseiller à la cour impériale de Pau, révoque en doute cette mort dans une notice sur l'abbaye de Saint-Étienne de Caen, qui compte ce fils de Henri IV et de Jaqueline de Beuil au nombre de ses abbés.

[2] Héroard, 1608, janvier 11. — 1605, mars 26.

[3] *Ibid.*, 1606, janvier 2; avril 9 et 17; juin 29.

« veut qu'on l'envoie en prison[1]. Madame de Montglat était allée au secours de M. d'Orléans, qui s'était engoué : « Allez laver vos mains, « s'écrie le Dauphin. — Elle y va et revient. — Ne me touchez pas, « continue le prince ! — Elle touche la manche de sa chemise. — « Fi ! s'écria-t-il; changez-moi de chemise; n'approchez pas de moi, « vilaine, laide; reculez ma chaise. — Mais, lui dit madame de « Montglat, ne savez-vous pas que je suis sa gouvernante, et qu'il « faut que j'en aie soin comme de vous? — Je voudrais que vous « fussiez morte ! continua-t-il. — On ne pouvait l'apaiser[2]. »

Mais les choses allaient souvent plus loin que les dédains et les injures; il les accompagnait ordinairement de menaces sauvages et d'actes d'une brutalité sans pareille. On se dégrade à force de monter; l'homme s'abîme dans l'omnipotence, et le Dauphin la prenait au sérieux : « Posez cela, dit-il à un de ses petits amis, avec lequel il jouait. » — L'ami n'obéit pas sur-le-champ; le souverain s'élance « et lui jette à la figure les mains, les griffes, les poings. » On lui en demande la raison : « C'est, répond-il, parce que je lui avois commandé de laisser cela, et il ne l'a pas fait. »

On a dit récemment « qu'il n'y avait rien de sanguin ni d'emporté dans cette nature royale, et qu'on se tromperait fort si on en jugeait autrement[3]. » C'est là au contraire une grave erreur, que la lecture de l'*Institution du prince* aurait fait éviter : « Monseigneur est sanguin et colère de tempérament, » dit son docteur à M. de Souvré; c'est la première révélation qu'il crut devoir lui faire. « Vous l'avez « jugé colère, lui répondit le maréchal, cela ne me contente point. » Le système qu'Héroard expose ensuite pour rassurer M. de Souvré et surtout la France, pour qui ce livre semble être fait, est trop curieux pour n'en pas citer la substance : « Lorsque j'ai dit qu'il est né de « complexion sanguine mêlée de colère, j'en ai parlé en médecin et « non en philosophe. Les médecins considèrent quatre parties dans la « masse du sang : l'aqueuse, la mélancolique, la colérique et celle qu'ils « nomment proprement le sang. Ayant jugé Monseigneur sanguin et « colère de *température*, j'ai voulu dire que le sang proprement dit sur- « monte en qualité les autres et la colère après, et que par colère « il faut entendre la partie de toutes la plus chaude, sèche et légère, « laquelle donne de sa nature la promptitude et aiguise le sang, tout « ainsi que le sang sert de frein et de bride pour retenir par une « douce et modérée quotité les bouillons effrénés de cette briève et « ardente furie..., etc. »

[1] Héroard, 1607, mai 21 et 14.
[2] *Ibid.*, 1608, août 5, 6.
[3] A. Baschet, dans la préface de son livre curieux : *Le roi chez la reine.*

Le maréchal eut la complaisance ou la naïveté de voir, dans ce galimatias, un prince bon et doux. Mais avec ce document publié, il lui en donna un secret [1], qui ne lui ressemble guère; feuilletons-le.

Dès les premières pages de son *Journal*, le docteur dit que le Dauphin « n'a jamais tété Hotman qu'il ne se soit mis en colère [2]. » L'enfant, qui a l'habitude de voir tout fléchir devant lui, s'emporte contre une serrure qui lui résiste, contre ses chausses qui le gênent, contre la pierre qui l'arrête. Il s'emporte contre sa chaise qui n'est pas assez avancée, parce qu'on ôte la nappe avant qu'il ait achevé de boire, parce qu'il s'éveille, parce qu'on veut l'habiller, lui faire prier Dieu ou prendre une leçon; il s'emporte parce qu'il craint de n'avoir pas de cerises : « Quoi! mon fils, lui dit alors Henri IV péniblement affecté, quoi! pour de la mangeaille! » — Il s'emporte jusqu'à la fureur, parce que madame de Montglat lui a dit de s'asseoir, sans ajouter *s'il vous plaît*. « Dites *s'il vous plaît*, » s'écrie le Dauphin. Madame de Montglat s'empresse d'obéir. « Dites plus haut; je n'entends pas. » Madame de Montglat élève la voix. « Plus haut encore, continue-t-il; maintenant allez-vous-en dans le cabinet. » Ce fait en rappelle un autre : Il dit à sa gouvernante de l'asseoir, sans ajouter à son tour *s'il vous plaît*. Elle l'en reprend; il se fâche, l'injurie, la menace. « Eh bien, dit-il enfin, transigeons; asseyez-moi; ensuite je dirai *s'il vous plaît*.» Une fois assis, il regarde madame de Montglat en disant : *Je ne le veux pas dire*.

Le 24 mai 1605, le prince se met en colère à tout propos, se calme, s'enflamme, va, vient, ne se possède plus; il jette à terre son arquebuse et la brise en éclats; il renverse tout, se roule sur le pavé, se relève en fureur et se jette enfin sur son huissier, en criant : « En prison! mon valet, en prison! » Il le prend rudement par la main et l'entraîne, sans dire pourquoi, ni rien vouloir entendre.

Ses emportements étaient accompagnés d'injures et souvent de voies de fait. Il donne un soufflet à qui lui présente sa serviette, à qui prend la peine de ramasser sa balle pour la lui offrir, à un enfant qui défend sa nourrice, à M. de Verneuil qui lui demande la permission d'aller dîner, au baron de Montglat qui disait adieu à sa femme. Il entend un de ses serviteurs parler de je ne sais quelle friandise; et se jette sur lui à coups de pieds et lui entame la jambe.

Son premier page lui marche légèrement sur le pied : « Qu'on le fouette sur-le-champ, » dit le prince, en se mettant sur sa chaise, pour voir l'exécution.

« Faut-il que ce soit devant vous?

[1] Héroard, *De l'Institution du prince*, IIe matinée.
[2] Héroard, *Journal*, 1601, décembre 27.

— Oui, devant moi. »

On cherche à le distraire, on le prie, on le supplie ; sa sœur demande la grâce du coupable en pleurant : « Pardonnez, monsieur ! — Non, répond-il sèchement. — Alors donnez le criminel à Madame. — Eh bien ! qu'il aille la servir. — Dans ce cas, il ne portera plus vos couleurs ? » Ces mots blessent le petit souverain : il se retourne brusquement, et du revers de la main donne à sa gouvernante, qui argumentait, une réponse à laquelle elle ne s'attendait pas.

Madame de Montglat avait droit à plus d'égards que personne ; elle était de par le roi la souveraine de toute la colonie de Saint-Germain. Son pupille ne se contente pas de l'injurier, il la traite comme la dernière de ses servantes ; elle lui annonce son dîner, et reçoit un soufflet dont elle garde longtemps la marque ; — elle veut le ramener de la chapelle, il lui donne un coup de poing dans l'œil ; — une goutte d'eau jaillit à sa figure, il l'accable de coups ; — elle le reprend d'avoir frappé M. de Verneuil, et reçoit à la figure une cuillerée de potage. Personne n'eut plus à souffrir qu'elle de ses brutalités.

Leur série serait trop longue, surtout avec les détails qui les accompagnent ; le 8 mars 1608, par exemple, la petite cour partit pour Fontainebleau où le batailleur de sept ans allait recevoir sa nomination de *gouverneur* de Normandie, à la place du duc de Montpensier qui venait de mourir. La sœur du Dauphin se trouva indisposée en route, et madame de Montglat, pensant que sa malade serait mieux dans le carrosse du Dauphin, se dispose à l'y faire monter. Celui-ci résiste, se fâche, il est furibond : *Statim excandescit*, deux mots qu'Héroard met en marge de son journal pour avoir plutôt fini, ou quand les expressions lui manquent pour exprimer l'excessive irritation du prince. Madame de Montglat reçut dans cette affaire, coup sur coup, deux ou trois soufflets avec accompagnement continu de coups de pieds et de coups de poings. La vue des verges le calma ; il se hâta de dire : *Je suis sage.*

On couche à Ris, près Corbeil. Le lendemain on se remet en route et la scène de la veille recommence ; le prince est retranché dans son carrosse et en interdit l'entrée à sa sœur. On persiste à vouloir l'y faire monter ; il s'y défend comme une bête fauve dans sa retraite ; il s'agite, il crie, il injurie, il frappe, se faisant arme de tout... Héroard, qui fut blessé à cette bataille, rapporte que l'engagement fut des plus vifs : « le prince était tout en feu de colère, jusqu'aux transports. » Il n'y eut pour le calmer que l'intervention des verges, auxiliaires devant lesquels il avait l'habitude de battre en retraite.

Mais la guerre n'était pas finie ; on couche à Melun ; le lendemain la bataille recommence avec le même résultat. *Le gentil prince, le bon et doux* enfant commençait alors a écrire sans traces de lettres : « Papa, écrivait-il vers cette époque, ce mot est pour vous montrer « que j'escripts sans marquer et que je ne suis plus opiniâtre. Je « suis, Papa, votre très-humble et très-obéissant fils, Loys. »

Il y avait dans cette lutte de trois jours une inconcevable opiniâtreté, une insensibilité profonde, qu'on retrouve quelque temps auparavant ; le 15 mai 1606, sa sœur vient le voir et lui propose gentiment de jouer avec elle. Il lui répond par un soufflet. Madame de Montglat lui fait remarquer son peu de tendresse : « C'est pour voir, répond-il, ce qu'elle dira. »

Au lieu de s'affecter de cet indigne traitement, sa sœur, inspirée par mademoiselle Piolan, fait l'indifférente. Le prince s'irrite, s'approche d'elle et la soufflette. Elle reste stupéfaite et se tait. Ce silence l'irrite davantage : « Je veux qu'elle crie, » dit son frère. On enlève l'enfant et on la porte dans une pièce voisine : « Je veux qu'elle crie, » continue-t-il. — Il entend des cris, s'approche de la porte, écoute : « Non, ce n'est pas elle ; on veut me le faire accroire ; je « veux que Madame crie. » — Il réfléchit, se calme et fait semblant d'oublier sa sœur ; mais un moment après, il pénètre dans la chambre où elle était, se jette sur elle et l'aurait blessée, si on ne l'eût pas arrêté. On emporte la petite fille tremblante, pleurant et criant : « Otez-moi, j'ai peur de Monsieur. »

Monsieur devait être satisfait ; sa sœur fondait en larmes. Au lieu de se calmer, la colère du Dauphin s'enflamme davantage ; il sort comme un fou, va dans sa chambre, la parcourt d'un bout à l'autre, dans des transports inouïs, tremblant et balbutiant de fureur. Ce qu'il veut maintenant, c'est voir sa sœur épouvantée ; il ordonne qu'on la lui apporte. On ne l'écoute pas, il se roule à terre, rien ne peut l'apaiser. Pour en finir et peut-être dans la crainte d'une affection cérébrale, le docteur fait apporter Madame. Il se précipite sur elle, comme un animal sur sa proie ; on l'emporte pâle et tremblante ; lui, jette des cris perçants ; on lui offre des confitures, il les repousse ; on lui parle du fouet, il s'en moque ; on appelle un valet chauve et camus, dont il avait peur, il lui tourne le dos ; on le couche, il met le lit en désordre, en répétant sans cesse : « Qu'on apporte Madame ! »

Cependant les forces de ce furieux s'épuisent, sa voix s'affaiblit, il appelle madame de Montglat pour capituler avec avantage ; il redoutait de passer par les verges le lendemain matin : — « Maman Gat, lui dit-il, avouez que je suis bon et que Madame est opiniâtre, et je me tairai. » Madame de Montglat convint qu'il était plein de mansuétude et il s'endormit.

Quand on veut pénétrer au fond du cœur, quelques pensées, un discours ne suffisent pas; toute une journée de *dits et de gestes* peuvent n'être qu'une disposition momentanée d'humeur; il faut accumuler les faits. Est-ce peu d'égratigner jusqu'au vif, de mordre jusqu'au sang et de frapper du pied comme de la main? Cependant ce n'est pas tout, on apporte trop lentement au prince les conserves qu'il a demandées; il s'arme d'un bougeoir et le lance sur mademoiselle de Ventelet. — Christine, la plus jeune des sœurs du Dauphin, joue seule et paisiblement devant sa petite table : « Otez-la, » s'écrie-t-il impérieusement. Comme on ne lui obéissait pas assez vite, il prend un flambeau et se dispose à mettre le feu aux cheveux de cette enfant. — Il jette ses jouets à la tête de sa gouvernante qui veut lui laver le visage. — Il dit à M. de Verneuil de reculer, en même temps il lui jette son bâton à la figure et du même coup blesse sa nourrice à l'œil. — Mademoiselle Piolan lui dit de prendre garde de se blesser lui-même; il lui envoie dans les yeux un marteau qui se trouve sous sa main. — Il joue aux échecs avec M. de la Luzerne qui le fait mat; il lui jette pour payement à la tête tout le jeu d'échecs. — Il se fait à lui-même une légère écorchure; il en accuse un innocent et parle de lui donner de son épée dans le ventre. — Il dit à quelqu'un dont il est mécontent : J'ai bandé mon arc; je vais vous tirer dans l'œil. — Il fait passer ses suisses devant lui, et il leur décharge dans le dos son mousquet à poudre. — Héroard lui refuse des œufs, et son royal client veut le tuer. Est-ce là le portrait du bon Henri, *il proprio ritratto*, qu'on augurait à Florence?

Ces gentillesses étaient dans les habitudes du jeune prince. Sa chaise était occupée par le *petit Sarlan*, fils d'une de ses femmes de chambre. Il s'approche de lui, le regarde avec des yeux de feu, et, lui approchant l'index du nez, il lui dit lentement ces mots : « Je vous couperai le cou. » Tantôt il veut le couper au Borgne, tantôt au maçon, une autre fois à M. de Candole. Madame de Monglat lui propose de manger sa panade; cela le contrarie, il entre en fureur et la frappe en disant : « Je vous couperai la tête. » En cherchant à l'endormir, elle lui touche un peu l'épaule; il veut la tuer. Il veut tuer une femme de chambre qui le menace du roi, tuer sa nourrice qui l'empêche de monter sur une échelle, tuer son aumônier qui, pour le rappeler à la dignité de son rang, l'avait appelé *fils de lavandière...*

Rien ne le corrige de cet atroce langage, dont il assaisonnait ses emportements. Le 18 juin 1605, le roi l'alla prendre au Château-Vieux pour le mener chez la reine, qui habitait le Château-Neuf et qui était encore au lit. Arrivé dans la chambre de Marie de Médicis, le dauphin prend un tabouret et madame de Monglat un autre. Il n'en faut pas davantage pour exciter la fureur du Dauphin; il se jette sur sa gouvernante, le bras levé et en criant : « Je vous tuerai ! »

Témoin d'une scène qui se renouvelait sans cesse, Henri IV prend son fils et le fouette de sa main. Le Dauphin est plus furieux ; sa colère, ses cris, ses coups redoublent. Le roi reprend son fils, réitère la correction avec plus d'énergie et se retire, laissant le supplicié se rouler sur le parquet. Il fait ensuite semblant d'avoir de la peine à se relever, puis il s'avance en boitant vers madame de Monglat : « De l'onguent ! de l'onguent ! s'écrie-t-il, papa m'a rompu la cuisse ! »

Ce châtiment n'eut pas plus d'effet qu'un autre. Le lendemain, dès le matin, le prince, qui venait de se lever, veut qu'on le recouche :

« Au lit, maman Gat, et de suite, ou je vous couperai la tête.

— Qu'en ferez-vous ?

— Je la mettrai en broche. »

Le maçon, qui lui faisait peur, se présente et le calme ; mais quelques jours après même violence. Il saute sur sa pique, court sur un de ses pages et lui en porte un grand coup à la gorge. Mademoiselle de Ventelet intervient ; il se retourne et la frappe au visage. Elle pare le coup, mais il lui prend la main et cherche à la mordre, en lui disant : « Vilaine, je vous tuerai ! »

Il voit se disputant M. de Cressy et un soldat. Le soldat était un des favoris du prince ; il s'approche. « Ses yeux, dit Héroard, étaient ceux d'un homme en fureur : — Voyez-vous cela, dit-il à M. de Cressy en lui montrant des ciseaux, avec cela je vous tuerai. » Puis, se repentant peut-être d'avoir prononcé une phrase qui faisait horreur, il croit être bon prince en se contentant de vouloir lui en donner « dans les yeux. »

Pendant le siége de Sedan, il entend parler de M. de Bouillon : « Je lui couperai la tête, » dit le prince. Et il ajoute avec un accent sauvage : « Et puis je la mettrai entre mes jambes. »

Après avoir injurié grossièrement madame de Montglat, il ajoute : « Je vous tuerai de mon couteau par la gorge. » Il se rappelle la défense qu'on lui a faite et se reprend : « Non ; mais je vous percerai la main. » Sa gouvernante vint à bout de le désarmer.

Le dauphin d'Espagne lui porte ombrage : « Je lui donnerai un grand coup dans la cuisse, — puis je lui couperai la tête, — puis je la jetterai dans les fossés, — puis, ces Espagnols, je les tuerai tous. »

Son aumônier lui fait réciter les commandements de Dieu. A ces mots : *Tu ne tueras point*, le prince s'arrête et demande : « Ni les Espagnols ? Oh ! les Espagnols, je les tuerai. — Mais, monsieur, répond l'aumônier, ils sont chrétiens. — Mais ils sont ennemis de papa ; je les épuceterai bien. — Mais ils sont chrétiens, répète l'aumônier. — J'irai donc tuer les Turcs. » « Après avoir repris Milan, dit-il plus tard, j'irai battre ces Turcs, et je jouerai au palmail avec leurs têtes. »

C'était là sans doute une de ces rodomontades que lui reprochait Héroard en lui disant de n'imiter pas les faux braves qui « mâchent les Ottomans et leur empire, » mais il s'y mêle des détails qu'un sauvage n'eût pas inventés.

Héroard lui-même, son bon docteur, n'est pas ménagé. Le Dauphin venait de tracer pour sa leçon d'écriture : *Dieu voit tout ce que nous faisons et balance toutes nos œuvres. Loys.* » Loys demande du vin à son docteur, qui lui en refuse dans l'intérêt de sa santé. Le prince entre en colère. « Vous êtes laid, lui dit-il ; vous êtes un homme de neige. — Oui, monsieur, lui répond tranquillement Héroard, mais vous n'aurez pas de vin ; il vous ferait mal. Sur ce refus, ajoute le docteur, le Dauphin prend un couteau, tout ardent de colère, et m'en menace. « Adieu, monsieur. » Le prince se calme, mais il persiste à vouloir du vin. Je lui résiste. « Je vous aime point, reprend « le dauphin ; vous êtes un bel homme de neige ! — Je le dirai au « roi. — Je m'en soucie bien ! — Alors adieu, je m'en vais trouver « le roi. — N'y allez pas. — Que voulez-vous que je fasse ici si vous « ne faites pas ce qui est pour votre santé ? — La paix est faite. » Mais Boileau arrive avec son violon pour le faire danser, le prince l'injurie et le frappe ; il décharge sur lui sa colère. [1] »

Il y a dans Lestoile et Tallement des Réaux des traits qui viennent à l'appui du journal d'Héroard. « J'ai appris, dit l'un d'eux, que Henri IV a de sa main fouetté son fils dans deux circonstances ; la première fois ce fut pour avoir écrasé la tête d'un moineau ; la seconde pour avoir eu tant d'aversion pour un gentilhomme que, pour contenter le Dauphin, il avait fallu tirer un coup de pistolet sans balle, afin de lui faire croire qu'on avait voulu tuer celui qu'il n'aimait pas [2]. »

Singulière complaisance ! Le prince avait huit ans ; il allait être enlevé à la direction des femmes pour être définitivement remis à M. de Souvré. Madame de Monglat vient avertir le Dauphin pour le souper. Cela le contrarie ; il se fâche et donne un coup de bâton au jeune de Montglat, qui s'était levé pour se retirer. Madame de Montglat se permet de trouver le procédé peu courtois et lui pousse légèrement le bras. Ce fut un crime de lèse-majesté ; il entra en fureur, accabla sa gouvernante de sanglantes injures et se retira dans une grande agitation. Mademoiselle Piolan le suivit et voulut le calmer :

---

[1] Héroard, 1607, juillet 8 et 21. Si, pour les faits qui précèdent, nous n'avons pas cité le *Journal*, c'est à cause de leur multiplicité ; qu'on l'ouvre au hasard, on verra que nous sommes loin d'avoir tout dit.

[2] T. des Réaux, I, 84, édit. 1840.

« Vous verrez, lui dit-il, que je serai fouetté demain pour avoir aujourd'hui touché le petit Montglat. — Non, monsieur, mais il ne faut point vous irriter, n'ayant pas à être longtemps avec elle. — Oh! répond le prince, je voudrois qu'elle fût partie! » Il voulait une autre fois qu'on la livrât à ses chiens.

Il se calma; mais il roulait au fond de son âme comment il se vengerait. Après avoir quelque temps réfléchi, il appela mystérieusement mademoiselle de Vendôme, et lui dit bas à l'oreille, comme un conspirateur qui confie un secret : « Sœur Dôme, écoutez; j'aurai un bâton creux; je le remplirai de poudre; je le mettrai sous sa cotte; puis, avec un charbon, j'allumerai la poudre, qui la brûlera[1]. » Voilà comment Son Altesse voulait faire ses adieux à madame de Montglat.

XXX

C'est à cette époque que M. de Souvré disait à Héroard : « Vous l'avez jugé colère; cela ne me contente pas; la colère est dangereuse quand elle trouve place dans l'âme d'un roi qui peut tout ce qu'il veut. » L'auteur de l'*Institution du prince* ne croyait guère à l'*équilibre des humeurs*, dont il flattait le maréchal. «Si d'aventure, lui dit-il, vous remarquez tant soit peu d'inclination à la colère, il y faudra soigneusement veiller. Ne le brusquez pas, il deviendrait furieux. Gauchissez simplement... Dites-lui qu'il n'y a rien qui soit tant éloigné de l'homme et du devoir des rois que l'amour du carnage; c'est le caractère des ours et des lions... Dites-lui que les vices d'un prince sont plus à craindre que les ennemis; les ennemis peuvent être vaincus un jour de bataille, les vices restent tant que le prince vit; les ennemis ne font que passer sur les campagnes, les vices du prince c'est en champ clos une armée qui détruit tout, mœurs et lois, et à la fin le prince et l'empire... Dites-lui que les François ne peuvent pas plus supporter la servitude que l'extrême liberté... Je veux croire, ajoute-t-il, que sous la douceur de votre direction il se rendra maître de cette passion dangereuse, et que le prince produira des fruits qui ne démentiront point ce bon plan que vous aurez enté sur les sauvageons à sa première jeunesse[2]. »

Vaines espérances! Le maréchal vit ses *entes* mourir, les *sauvageons* se développer sous sa main et plus d'une fois se tourner contre

---

[1] Héroard, 1608, décembre 7. Il y a dans le texte . ...*qui lui bruslera tout le c.*

[2] Héroard, *De l'Institution du prince*, 1609.

lui. Henri IV meurt en 1610, Louis XIII est plus que jamais l'enfant superbe, plein d'ostentation, peu ami de l'étude, fou chasseur, jaloux de son autorité, colère, vindicatif, le cœur froid qui répondait *non* quand on lui demandait s'il était marry que sa sœur fût malade, qui répondait *oui* à sa mère qui lui demandait s'il était content de la quitter pour retourner à Saint-Germain. Le 24 septembre 1610, à peine monté sur le trône, il entend dire qu'un de ses valets avait traité brutalement quelques-uns de ses gentilshommes. Il répond aussitôt : « Il faut les y habituer de bonne heure. » En 1616, après son mariage, il entre en colère contre un de ses chiens qui ne lui obéissait pas, et le frappe rudement en disant : « Voilà comme il faut traiter les opiniâtres, hommes et chiens [1]. »

Quatre mois après, le 12 novembre, « le roi convalescent va en la grande galerie du Louvre, accompagné seulement d'un exempt des gardes, du sieur de Mataret, gouverneur du château de Foix, et d'une autre personne. Il regarde à tout coup, dit Héroard, pour voir s'il est suivi, s'avance vers une des fenêtres qui regardent la rivière, et aperçoit le maréchal d'Ancre, arrivant accompagné de plus de cent personnes, allant s'arrêter à une autre fenêtre sans regarder le roi, et se faisant faire la cour par tous et les têtes nues. Ce maréchal savait que le roi était dans la galerie ; on le lui avait dit en entrant [2]. »

Si l'on se rappelle ce qu'il disait de sa sœur en 1608, quand il la voyait suivie d'une foule de dames et qu'il était seul, ou ce que le dauphin éprouvait en voyant les six laquais de M. de Vendôme quand lui n'en avait qu'un, on comprendra ce qui dut se passer dans l'âme de Louis XIII, maintenant maître de ses actions. Héroard, dont le laconisme est ici plus regrettable que partout ailleurs, n'a tracé à la suite de ce qu'on vient de lire qu'une seule ligne : « Le roi va aux *Tuileries*, le cœur plein de déplaisir. » Mais cette ligne en vaut cent pour qui a suivi le docteur dans ses éphémérides.

Le roi ne va pas, comme on l'a dit, chez les *Feuillants* [3]; au lieu de pensées religieuses, il en a d'infernales; il va sous les arbres des Tuileries promener, dans le silence de cette retraite, son agitation profonde, et chercher dans la douleur qui le déchire d'atroces inspirations. Il en sort à deux heures, résolu et Dieu sait dans quelles dispositions: il se rend chez sa mère qui avait laissé Concini se dresser entre elle et son fils; il se plaint de l'insolence de cet homme,

---

[1] Héroard, *Journal*, 1616, avril 9.

[2] *Ibid.*, 1616, novembre 12. Tout cela est confirmé dans les *Mémoires de Montpouillan*, récemment publiés par le marquis de la Grange, avec ceux de Jacques Bompar..., IV, 22. Paris, Charpentier, 1842.

[3] C'est par erreur qu'on mène le roi de la galerie aux *Feuillants*. A la place de ce mot, lisez *Tuileries* ; le manuscrit ne laisse aucun doute.

se retire, revient, s'en va ; la jalousie le remue jusqu'au fond des entrailles; il se vengera; son autorité n'était pas seulement menacée, elle était anéantie.

De Luynes, « le plus intime confident du roi, » comme le roi l'écrivait à l'Infante, au moment de son mariage ; de Luynes, favori du roi, était l'ennemi naturel du favori de la reine-mère ; il jalousait, lui aussi, et détestait Concini autant que le roi le détestait. — Le prince de Condé, Guise, Montmorency, Lesdiguières, d'Épernon, les Vendôme, tous les grands rêvaient une féodalité nouvelle, et voulaient tuer l'aventurier italien qui les écrasait. Du Poitou à la Méditerranée les réformés avaient fait entendre qu'ils ne supportaient pas un ministre que leur avait opposé l'Espagne dans le mariage d'Anne d'Autriche ; ils rêvaient, eux, un autre démembrement sous l'inspiration de Genève et de la Hollande.—Le peuple, la France entière était soulevée contre cet étranger tout-puissant, qui avait vidé les coffres de l'Épargne et de la Bastille. Le roi trouvait donc partout des haines, que de Luynes ne manqua pas d'exploiter dans son intérêt, qui se confondait avec les projets de vengeance de son maître. Louis XIII, en sortant chaque soir de chez son favori, se sentait de plus en plus animé contre le maréchal d'Ancre ; le tuer, pensait-il, ce n'était plus se donner à lui-même une satisfaction, c'était sauver la France. Quatre jours après ce qui s'était passé dans la grande galerie, il s'endort un moment chez de Luynes et se réveille en sursaut, furieux, criant : *Çà, çà ! Abimélech !* et demandant son épée pour frapper cet homme féroce qui avait usurpé la domination.

Bentivoglio dit quelque part que la *dissimulation* était une des qualités du roi ; il couva sa colère, pour me servir d'une expression d'Héroard, et il fut décidé qu'on attirerait le ministre au Louvre, dans le cabinet des armes, sous prétexte de lui montrer les petits canons dont se servait Sa Majesté pour battre ses petits forts du jardin des Tuileries ; mais le maréchal sortit avant le signal, sans se douter du péril qu'il avait couru.

Le roi avait pensé à prendre pour théâtre de l'exécution le château de Saint-Germain ; le Louvre le fut. Le ministre de Marie de Médicis avait un hôtel sur le quai, au coin du jardin du Louvre, où il allait chaque matin conférer avec la reine-mère ; il fut résolu qu'on l'attaquerait le 24 avril [1], sur le pont-levis qui aboutissait à la basse-cour, et qu'il avait l'habitude de prendre pour entrer au château.

Ce jour-là, le roi se lève de bonne heure, fait dire qu'il veut aller à la chasse ; Luynes dispose tout pour l'attaque ; du Hallier, son frère, est en embuscade dans un coin de la basse-cour, afin de signa-

----

[1] Héroard, *Journal*, 1617, avril 24.

ler l'approche du maréchal. Il paraît, son bâton à la main et son manteau sur l'épaule ; il est escorté d'une cinquantaine de personnes, il franchit la grande porte du Louvre, qui regardait la rue du Coq. Aussitôt la porte se ferme ; de Vitry, suivi de ses archers armés de pistolets cachés sous leurs manteaux, se précipite au-devant de lui, l'arrête entre le pont-levis et le pont dormant, lui saisit brusquement le bras en lui disant : « Monsieur, je vous arrête de par le roi ! — *A me*, crie le maréchal en sa langue, en cherchant la garde de son épée. — *A lui*, crie de son côté Vitry ; au même instant tous les archers lâchent leurs pistolets et se jettent sur lui l'épée au poing. D'Ancre, appuyé contre la barrière, s'affaisse et Vitry crie : *Vive le roi !* et donne à la victime un coup de pied qui l'étend à terre.

Le roi attendait impatiemment dans son cabinet des armes ; le colonel Ornano, fils du maréchal, vint lui dire que *c'était fait* : « Ma grosse carabine ! s'écria-t-il ; il prit son épée, alla dans la salle, se mit aux fenêtres, élevé par Ornano, et cria aux exécuteurs de sa vengeance : « Grand merci ! à cette heure je suis roi ! »

Le bâton de maréchal récompensa de Vitry, l'assassin ; de Luynes, son instigateur, devint premier gentilhomme de sa chambre, lieutenant-général de Normandie, maître du conseil, mari de mademoiselle de Montbazon, cette duchesse de Chevreuse, qui donna tant de soucis à Richelieu et à Mazarin. De Luynes devint duc et pair et reçut l'épée de connétable, que le roi avait gardée depuis la mort du duc de Montmorency.

« Priez Dieu que je vive longtemps ! disait Henri IV à la reine ; quand je ne serai plus, votre fils vous traitera durement. » Le 5 mai, huit jours après cet assassinat, la mère de Louis XIII quittait le Louvre, reléguée qu'elle était à Blois ; la veuve de Henri le Grand mourut dans l'indigence, à Cologne en 1642.

La populace déchaînée, ameutée par les laquais de la cour, arracha de Saint-Germain-l'Auxerrois le cadavre tout sanglant du maréchal ; elle se le disputa, elle le pendit, elle en déchira des lambeaux qu'elle traîna par les rues et mit le reste en cendre devant la statue de Henri IV. Léonora Galigaï, sa veuve, fut décapitée et brûlée en Grève, « pour apprendre aux étrangers, disait-on, à ne pas se mêler des affaires de l'État. » Il se trouva un avocat général qui exalta l'action du roi : « Il avoit fait abattre ce monstre ; » mais la partie saine du Parlement appréhenda de grands châtiments de Dieu, sur la compagnie.

On fit des réjouissances et des feux de joie ; le 14 août, après avoir couru le chevreuil à Saint-Germain, Louis XIII se mit à une des fenêtres du château pour jouir du feu d'artifice qu'avait fait Jumeau, son artilleur, et voir à l'aise sur le préau un chariot et deux mannequins, « fantômes » du maréchal et de sa femme, exposés aux insultes de la multitude[1].

Héroard disait : « Les rois sont compagnons, et non maîtres des lois..., que notre prince s'oblige à la loi, royne des hommes et des dieux; qu'il ne fasse point comme aucuns princes, qui n'estiment souverain bien que de n'avoir rien au-dessus d'eux..., qu'il se soumette aux juges et ne les force point aux préjudices de l'équité... » Miron avait beau dire « qu'un roi peut faire tout ce qu'il veut ; » le Parlement que « le seul aveu de Sa Majesté couvrait les formalités, » qu'autrement « ce serait révoquer en doute sa puissance; que d'ailleurs il n'y avait pas d'autre moïen de se défaire du maréchal... » Vanité que tout cela; Héroard dut le sentir; que signifie cette page laissée en blanc dans son *Journal*, le jour de cette exécution? D'ailleurs, cette puissance sans contrôle n'existait pas, même sous la monarchie absolue ; et le prince de Condé, qui n'était point un aventurier, qui n'était pas détesté comme l'était Concini, qui avait au contraire pour lui toute la cour, tout le peuple, tous les parlements, le prince ne fut-il pas arrêté? Pourquoi ce qui était possible dans ce cas ne l'était-il point dans l'autre? On eut la pensée de faire le procès au cadavre; mais cette exécution provisionnelle, le sang préventif n'en est pas moins odieux; qu'il vienne d'en bas ou d'en haut, l'assassinat sera toujours un crime.

Le règne du *roi Luynes*, comme Louis XIII finit par l'appeler, ne fut pas de longue durée; après lui parut un homme qui tint sous boucle la volonté du roi; cet homme est Richelieu. Quand Louis XIII apprit la fin tragique de Walstein et de ses complices, il loua publiquement ceux qui avaient exécuté les ordres de l'Empereur. Richelieu sut à Ruel ce qui venait d'arriver ; il dit que le roi aurait bien pu se dispenser de parler si librement et partit pour Saint-Germain : « Sire, dit au roi le cardinal, on vous appellera *cruel* au lieu de *juste;* il n'y a rien de plus odieux qu'un assassinat. »

[1] Héroard, *Journal*, 1617, août 14. — Ce fait ne se trouve pas relaté dans les *Extraits du journal*, récemment publiés.